ESPAÑOL
en la COCINA

Aprender español cocinando

Coordinación:

Marisa de Prada y Clara María Molero

Plaza Santa Ana 1, 1°D, 28012 Madrid
C.I.F. B-62969266 - Tel/Fax : +34 91 532 4480

SGEL

Coordinación:
Marisa de Prada y Clara María Molero

Autores de las recetas:
Alicia Berezo Sastre, Ana Cuquerella Jiménez-Díaz, Anna Marie Sibayan, Begoña Llovet, Betina Elisa Kind, Carmen Rosa de Juan Ballester, Clara M.ª Molero Perea, Concha Martínez, Dánica Salazar Lorenzo, Dolores Barbazán Capeáns, Dolores Coronado Badillo, Edgar Álvarez-Noreña Cueva, Esther Suárez, Eugenia Mota Muñoz, Iolanda Nieves de la Vega, Iranzu Peña Pascual, Julia de Benito Langa, Laura Acuña Leiva, Lucía Sánchez Muñoz, M.ª Isabel Gibert Escofet, M.ª Jesús Centeno Ordaz, M.ª Luisa Escribano Ortega, M.ª Valeria Salinas Soria, Manuel Pulido Azpíroz, María Fernández Alonso, Marisa de Prada Segovia, Marisa Pérez Escribano, Marta Muñoz Torres, Mercedes de Prada, Miguel Monreal Azcárate, Miriam Calvo, Paloma Úbeda Mansilla, Pilar Escabias Lloret, Victoria Veiguela Pellitero

Primera edición, 2012

Produce: SGEL – Educación
Avda. Valdelaparra, 29
28108 Alcobendas (Madrid)

© Los autores
© De esta edición: Sociedad General Española de Librería, S. A., 2012
Avda. Valdelaparra, 29, 28108 Alcobendas (MADRID)

Los autores de este libro han cedido amablemente sus derechos a la Fundación Vicente Ferrer.

Edición: Elena R. Orta
Coordinación editorial: Jaime Corpas
Corrección: Isabel Marrón Corbalán
Diseño de cubierta: José Alcalde
Maquetación: José Alcalde
Fotografía de cubierta: Shutterstock

ISBN: 978-84-9778-747-5
Depósito legal: M-31981-2012
Printed in Spain – Impreso en España
Impresión: Orymu, S.A.

Índice

Libro de recetas aplicadas al aprendizaje de ELE

La gastronomía española e hispanoamericana es conocida más allá de nuestras fronteras y es un atractivo para acercarse a nuestra lengua. De esta premisa parte el origen del proyecto que pasamos a describir, especificando su estructura, sus objetivos y su metodología.

El objetivo del libro es que tanto los docentes como los aprendientes de español dispongan de un material complementario cuya base sea la cocina española e hispanoamericana. Manual al que puedan acudir para reforzar la comprensión lectora y ampliar su léxico y su conocimiento cultural del español de una manera divertida y original, a la par que eficaz, ya que es muy probable que el alumno que vaya a utilizar este material se sienta atraído por las recetas que en él presentamos y por la cocina hispana en general.

El libro está orientado a un nivel B1 y contiene 36 recetas, tanto españolas como de otros países. Cada plato adjunta una actividad de comprensión lectora relacionada con algún elemento de la receta. En algunas se explota el origen de la receta, en otras un ingrediente de ella o la zona o región donde se consume, siempre teniendo como referente y como hilo conductor la receta en sí.

Las recetas son originarias de diferentes partes del mundo donde se habla español (España e Hispanoamérica) además de Filipinas por la influencia española que tuvo en épocas pasadas, y se estructuran en primeros platos, segundos y postres.

No hay que olvidar una parte fundamental del proyecto: el aspecto sociocultural. La gastronomía va indisolublemente unida a la cultura de una región o de un país, forma parte de ella y a través de ella podemos entenderla. Por ello, a través de cada receta el alumno se acercará a las fiestas, tanto españolas como hispanas, a sus tradiciones, costumbres, hábitos, etc.

Todos sabemos que enseñar una lengua es transmitir su cultura, tanto cultura con mayúscula como con minúscula y ambas están tratadas en el libro huyendo de estereotipos y clichés y presentadas de una manera fresca, divertida y siempre tomando como origen un plato español o hispano.

Los puntos destacables que hacen de este material complementario un material original son:

- Tomar como base la gastronomía de la lengua que se va a estudiar. Aspecto atractivo para todos los estudiantes que se acercan a la lengua y, en muchos casos, una de las razones del estudio de la misma.
- Practicar y reforzar la comprensión lectora para un nivel B1.
- Acercarnos a la competencia sociocultural a través de la cocina.
- Ofrecer una gran versatilidad. Es un material que puede ser usado tanto por el docente como por el aprendiente autónomo de español.
- Unificar en un solo libro una diversidad de recetas y textos útiles y motivadores ya que proviene de 35 profesores de ELE residentes en varios países del mundo, profesores todos ellos con gran experiencia en el campo de la enseñanza del español.

Por último, nos gustaría agradecer a los profesores colaboradores del libro su trabajo y buena disposición en todo momento, al igual que la cesión de sus derechos a favor de la Fundación Vicente Ferrer. Este manual es el resultado del entusiasmo, profesionalidad y buen hacer de muchos profesores que desinteresadamente han colaborado con nosotros desde diferentes partes del mundo. Esperamos que todo este entusiasmo y profesionalidad se vean traducidos en la utilidad del libro tanto por parte de docentes como de aprendientes de español como lengua extranjera.

MARISA DE PRADA Y CLARA MARÍA MOLERO

PRIMEROS PLATOS

Begoña Llovet Barquero – Directora de TANDEM, Escuela Internacional, Madrid, España.

El ajoblanco veraniego nos quita el desasosiego

Ingredientes

125 g de almendras crudas
150 g de pan del día anterior humedecido
      con un poco de agua
200 ml de aceite de oliva suave
 25 ml de vinagre de vino
  1 diente de ajo
     sal
     agua fría, según el espesor deseado

Preparación

En un recipiente poner los ingredientes con ½ litro de agua y triturarlo todo con la batidora. Después ir añadiendo agua según el espesor deseado. Nada más hacerlo hay que meterlo en la nevera y dejarlo enfriar. Servir acompañado de uvas o de trocitos de melón.

Sabías que... Se trata de un plato que en su origen comían los pastores, pero que hoy en día está en las mesas de todas las clases sociales.

Se suele consumir, servir y preparar en la misma cazuela semiesférica de madera (generalmente de fresno), con capacidad para unos dos litros o más.

Piensa y escribe el tipo de sopas que existen en tu país y compáralas con la receta del ajoblanco. ¿Hay alguna sopa fría?

EL AJOBLANCO

1. Lee el texto siguiente para conocer esta sopa fría española, que es una de las más consumidas, y contesta a las preguntas.

El ajoblanco, o *ajo blanco*, es una deliciosa variante de los gazpachos andaluces. Se trata de un plato procedente de la cocina andalusí en el que, como en tantos otros platos heredados de los árabes, la almendra es la protagonista.

En la versión que ofrecen en Málaga, se suele acompañar de uvas de moscatel o a veces, con trozos de manzana o de melón. Lo hemos saboreado con fresas, y por qué no darle un toque de trópico y calor y acompañarlo con trozos de mango…

Para muchos, el secreto está en el triturado de la almendra, en mortero de mármol con maza de madera, hasta conseguir una leche que se irá mezclando, a golpe de maza, con los ajos, el pan y la sal, para luego emulsionarla con el aceite de oliva. Sin embargo, estamos en tiempo de prisas y modernidad, y la licuadora se impone dando iguales o casi similares resultados.

El origen de la variada y rica gastronomía de la región malagueña está en la cultura musulmana. Los ingredientes de la mayoría de los platos se producen en la comarca, y son elementos básicos el aceite de oliva, el ajo y el vino.

a) ¿Cuáles son los ingredientes primordiales para preparar un ajoblanco?
b) ¿De qué región de España procede?
c) ¿Sus ingredientes son siempre los mismos?
d) ¿Con qué utensilios de cocina lo podemos preparar?

BERENJENAS RELLENAS

ESPAÑA

Iolanda Nieves de la Vega — Profesora de Español para Fines Específicos, IESE Business School, Navarra, España.

Las berenjenas rellenas están requetebuenas

Ingredientes

4 berenjenas medianas
1 calabacín
3 cebollas pequeñas
150 g de champiñones

2 dientes de ajo
aceite de oliva
un poco de harina
una pizca de perejil fresco

3 cucharadas de tomate
natural
100 g de queso parmesano

Preparación

Elegimos unas berenjenas medianas, una para cada persona; las cortamos a lo largo y las vaciamos con mucho cuidado.

Para hacer el relleno, en una sartén ponemos un poco de aceite de oliva y rehogamos las cebollas y el calabacín cortados muy pequeñitos; cuando esté todo dorado, añadimos la pulpa que hemos sacado al vaciar las berenjenas y pasados unos minutos los champiñones, el perejil, los ajos y el tomate natural, todo cortado muy pequeñito. Lo freímos todo a fuego lento y cuando esté bien dorado lo salpimentamos y lo mezclamos bien hasta obtener una mezcla uniforme.

Para que las berenjenas queden tiernas pero al mismo tiempo consistentes, antes de rellenarlas, las pasamos por harina y las freímos con abundante aceite que después escurrimos en un papel secante. Cuando se hayan enfriado, las rellenamos con la mezcla y rallamos por encima queso parmesano.

Por último, colocamos las berenjenas en una bandeja y las metemos en el horno precalentado a 180°C. Las tenemos en el horno durante 20 minutos y las gratinamos durante 6-8 minutos más.

Para servir, las adornaremos con unas rodajas de berenjena fritas y un poco de salsa de tomate.

COMIDA, SENSACIONES Y CULTURA

1. Busca en el texto aquellas palabras que pienses que están relacionadas con:

El ritual social y cultural de comer	Momentos especiales de la vida que se celebran alrededor de la mesa	Sensaciones y sentimientos que asociamos con el ritual de comer
festín ...	*fiesta* ...	*felicidad* ...

Comer y celebrar

A la hora de desayunar, comer o cenar, se activan rápidamente todos nuestros sentidos y al mismo tiempo una sensación de felicidad nos recorre la mente. Palabras como *festín*, *convite*, *piscolabis* o *tentempié* nos sirven para verbalizar estas sensaciones.

La comida es uno de los pilares de la vida social, en torno a ella giran las posibilidades de conocer a otras personas, de compartir anécdotas, confidencias, noticias o de celebrar momentos especiales. La comida puede ser el clímax de una fiesta en un cumpleaños o un momento de tristeza compartida ante una pérdida.

La alegría de un nacimiento se expresa en una celebración familiar, ya sea en casa o en un restaurante, pero siempre alrededor de una buena mesa y representa un momento iniciático para los padres del recién llegado.

Una boda es felicidad, alegría, fiesta y, por supuesto, comida. El banquete forma parte del recuerdo sensorial y emocional de ese momento tan importante que los novios comparten con sus seres más queridos. La música del baile, los olores de la comida jun-to con la fragancia de las flores y el perfume, lo invade todo y nos embriaga.

En los países árabes el concepto de comida está conectado al de hospitalidad. Un buen anfitrión muestra su generosidad con la cantidad de comida que sirve a sus invitados. Hay una antigua norma que obliga a servir el doble de comida de lo que se espera que coman.

Una amiga mía mexicana, me comentaba un día que cuando su abuelo murió, después del cementerio, volvieron todos a su casa y celebraron allí una gran comilona. Cuando le preguntó a su madre, ella le dijo que eso se hacía para agradecer a las personas que habían acompañado a la familia en tan difíciles circunstancias. El sentimiento de tristeza, en compañía, también junto a la comida.

Despedidas y reencuentros frente a una caña y una tapa, aniversarios con la pareja en la intimidad de las velas, cenas con amigos disfrutando de una buena tertulia, una barbacoa en familia el domingo, en general nuestros recuerdos más significativos están rodeados de un aroma, un sabor o un plato especial.

2. ¿Se te ocurren más palabras?

CAUSA RELLENA DE POLLO — PERÚ

Esther Suárez Medina – Directora académica, Academia Suárez–International House Frankfurt/Colonia, Alemania.

Causa peruana para quitar la desgana

Ingredientes

- 1 kg de papas
- 1/2 kg de carne de pollo sancochado deshilachado
- 1 cebolla mediana, picada en cuadraditos
- 1 taza de mayonesa
- 1 limón
- 3 ajíes amarillos sin venas para que no piquen
- 1 palta (aguacate) pelada y cortada en rodajas de 1/2 cm
- 2 o 3 cucharadas de aceite vegetal
  sal y pimienta al gusto

Preparación

Sancochar las papas durante 20 minutos, pelarlas, pasarlas por el prensapapas y dejar que enfríe.

Cuando estén frías, agregar el ají molido, el aceite, el jugo del limón, la sal y la pimienta. Mezclar bien, amasando, y dividir la masa en tres partes.

Mezclar el pollo con la mayonesa y la cebolla, y comprobar la sal. Tomar una de las partes de la masa de papas y ponerla en una fuente, para que quede de 1 cm de grosor. Poner sobre la papa la palta cortada y añadir sal y pimienta. Colocar otra capa de la masa, añadir la mezcla de pollo y cubrir con la tercera capa de masa.

Adornar con tiras de pimiento rojo asado y pelado junto con rodajas de huevos duros.

Consejos

La masa debe quedar ligeramente ácida y no debe picar. Debe quedar de color amarillo, que se lo da el ají amarillo.

LA GASTRONOMÍA DEL PERÚ

1. **Antes de leer el siguiente texto, escoge la opción correcta en los siguientes ejercicios:**

    1. Perú tiene ... platos típicos
        a) 250   b) 350   c) 491

    2. La cocina peruana resulta de la fusión de la cocina del antiguo Perú con:
        a) la española, francesa, china, japonesa e italiana.
        b) la caribeña, española y africana.
        c) la española, china, alemana e italiana.

    3. La gran variedad de la cocina peruana se sustenta en:
        a) la influencia de la cocina española y francesa.
        b) la influencia de la cocina caribeña, española y africana.
        c) la geografía, en la mezcla de culturas y la adaptación de culturas milenarias a la cocina moderna.

2. **Lee el texto y comprueba tus respuestas.**

L a gastronomía del Perú es de las más diversas del mundo, como lo demuestra el hecho de que es el país con mayor número de platos típicos (491), y según varios entendidos alcanza un nivel equivalente al de la comida francesa, china e hindú.

La cocina peruana resulta de la fusión inicial de la tradición culinaria del antiguo Perú –con sus propias técnicas y potajes– con la cocina española en su variante más fuertemente influenciada por la presencia morisca en la Península Ibérica. Posteriormente, este mestizaje se vio influenciado por los usos y costumbres culinarios de los chefs franceses que huyeron de la revolución en su país para radicarse, en buen número, en la capital del virreinato del Perú. Igualmente trascendental fue la influencia de las inmigraciones del siglo XIX, que incluyó chinos cantoneses, japoneses e italianos, entre otros orígenes principalmente europeos.

Como particularidad exclusiva de la gastronomía del Perú, existen comidas y sabores de cuatro continentes en un solo país desde la segunda mitad del siglo XIX.

Las artes culinarias peruanas están en constante evolución y esto, sumado a la variedad de platos tradicionales, hace imposible establecer una lista completa de sus platos representativos. Cabe mencionar que a lo largo de la costa peruana existen más de dos mil quinientos tipos diferentes de sopas registrados, asimismo existen más de 250 postres tradicionales.

La gran variedad de la gastronomía peruana se sustenta en tres fuentes:
- la particularidad de la geografía del Perú,
- la mezcla de culturas y
- la adaptación de culturas milenarias a la cocina moderna.

Sabías que... Papa es una palabra quechua que identifica al tubérculo más consumido en el mundo; es de origen peruano. Se cultiva desde tiempos inmemoriales y existen más de 5000 variedades de papa, entre ellas la papa amarilla, andina, tomasa, etc. y solo en Perú se conocen alrededor de 3000 clases. Fuera de Perú se conoce como "patata".

COCIDO MADRILEÑO

Mercedes de Prada Rodríguez – Profesora Doctora en Derecho y Directora del Área Jurídico Empresarial, Centro Universitario Villanueva, Universidad Complutense, Madrid, España.

En España los cocidos son por todos conocidos

Ingredientes (para 8 o 10 personas)

750 g de morcillo de ternera	1 cebolla	**Para la pelota:**
1/2 pollo	2 clavos	1 cucharón de aceite de oliva
1 kg de garbanzos	2 chorizos	1 huevo
1 punta de jamón	2 morcillas de cebolla	3 rebanadas de pan
1 hueso de jamón	2 huesos de ternera con su	1 rama de perejil
150 g de tocino veteado	tuétano	1 diente de ajo
1/2 repollo	1 hueso de la rodilla de ternera	1 cucharón de harina
5 zanahorias	aceite de oliva	
5 patatas	sal	

Preparación

En primer lugar, debes poner los garbanzos en agua la noche anterior. Al día siguiente limpias las verduras y las reservas. Las patatas se pelan y se dejan enteras. También tienes que limpiar con agua la ternera, los huesos, la morcilla y el chorizo.

Pon en una olla, a la máxima potencia, la carne, los huesos, el jamón... Verás que tiene bastante grasa pero normalmente tras media hora, con una espumadera se retira la espuma formada y se añade el pollo, los garbanzos y la cebolla con los clavos pinchados en ella, dejándolos como una hora. Después baja el fuego y añade las verduras, las patatas y el embutido. Cuela el caldo y haz una sopa con pasta como primer plato, y de segundo plato sirve las verduras, los garbanzos y las carnes.

COCIDO, POTAJE O PUCHERO

1. Lee el texto para saber más de este suculento plato.

Los cocidos, potajes y pucheros surgieron hacia el siglo XV como una reinterpretación cristiana de la *Adafina*, un plato del sabbat judío que se hacía con garbanzos, fideos, ternera, huevos duros y pollo.

En aquella época, el cocido se componía de tres platos: la sopa, que se preparaba con el caldo; los garbanzos, alubias y verduras; y las carnes y otras aves. Este puchero se dejaba cocer durante toda la noche, a fuego lento, para así comerlo caliente al día siguiente.

Durante los siglos XVII y XVIII, el puchero viajaba con los reyes en sus giras campestres y constituía el plato principal de sus comidas. En aquel tiempo, nuestro protagonista estaba compuesto de trozos de carne, legumbres, garbanzos, tocino y, a veces, pollo.

A principios del XIX, el cocido ya no era considerado un plato exclusivo de las mesas nobles y se comenzó a servir en posadas, fondas y cafés, donde todavía se consideraba un plato caro que había que pedir a la carta. Su popularidad aumentó, por lo que, en menos de un siglo, las clases pudientes pasaron de consumirlo habitualmente a considerarlo un plato para gentes humildes y pasado de moda.

Durante el siglo XX, el cocido se acomodó a todos los bolsillos y a todas las situaciones y se convirtió en una de las recetas más populares de la gastronomía nacional hasta bien entrado el siglo XX.

En nuestros días el cocido es un puchero en el que se cuecen juntos los garbanzos (suele ser el ingrediente principal), carnes gelatinosas (morcillo de vaca), tocino, chorizo y morcilla. También se le puede añadir gallina, un hueso de caña con tuétano y una punta de jamón. La verdura es imprescindible, sobre todo el repollo, aunque también se pueden utilizar zanahorias y patatas. La sopa se hace con fideos y, si son finos, mucho mejor.

Existen tantas recetas de cocidos como estrellas en el cielo, pero el cocido madrileño está considerado como la quintaesencia de los pucheros españoles.

2. Indica si las frases siguientes son verdaderas o falsas. Escoge la frase del texto que apoya tu respuesta.

Ejemplo:

El cocido es un caldo que lleva tanto verduras como carne.

VERDADERO: ... *se preparaba con el caldo; los garbanzos, alubias y verduras; y las carnes y otras aves.*

a) El puchero siempre ha sido la comida de la gente pobre.

b) Hay una única receta de puchero.

c) El cocido madrileño es uno de los pucheros españoles más conocidos.

d) El cocido madrileño lleva varias legumbres tales como garbanzos, lentejas y judías blancas.

Julia de Benito — Abogado y profesora de Derecho de la Información, U. Internacional de Cataluña, España.

Las croquetas de berenjena para empezar con energía la faena

Ingredientes

2 berenjenas grandes
1 pellizco de sal
   harina para rebozar
   aceite de oliva

Para la besamel

3 cucharadas soperas de
   harina
2 vasos de leche

1/2 cebolla grande
   un pellizco de nuez
   moscada y pimienta

Preparación

Pelar las berenjenas, partirlas por la mitad e introducirlas en una olla con agua y sal. Hervir las berenjenas durante quince minutos.

Escurrirlas y dejarlas enfriar en un plato o bandeja. Una vez frías, aplastarlas con un tenedor.

En una sartén con aceite se sofríe la cebolla cortada en trocitos pequeños y cuando esté doradita se incorpora la berenjena y se sofríe. Se añade a la cebolla y las berenjenas un poquito de sal, y la harina para hacer la besamel. Se mezcla todo con una pizca de pimienta y nuez moscada.

Inmediatamente, se incorpora la leche a la mezcla y se remueve constantemente hasta que hierva durante unos minutos. La masa resultante no debe quedar dura. Se prueba el punto de sal y se rectifica en caso necesario. Se deja enfriar toda la masa y se distribuye en pequeñas cantidades con forma ovalada. Se coge cada una de las croquetas y se reboza en harina.

En una sartén se calienta abundante aceite de oliva. Se introducen las croquetas a fuego medio y se dejan doraditas. Se retiran, escurren y se sirven. ¡Qué ricas!

LAS CROQUETAS ESPAÑOLAS Y LA LITERATURA

1. **Tras la lectura, contesta a las preguntas siguientes.**

*A*unque el origen de la croqueta (*croquette*) se sitúa en Francia (s. XVIII), no es menos cierto la gran difusión que de ella se ha dado en España hasta convertirse, en la actualidad, en una de las tapas más solicitadas en bares y restaurantes españoles. De pollo, jamón, queso, espinacas, bacalao, berenjena…, las croquetas son del gusto de todos y un magnífico tentempié.

Se dice que en España se introdujeron a principios del siglo XIX. Alejandro Dumas menciona, por primera vez, la receta de croquetas españolas elaboradas con patatas en la crónica de su viaje a España, con motivo de la boda de la infanta Luisa Fernanda en 1846.

Resultan de interés las referencias que algunas escritoras han hecho de este pequeño y sencillo manjar. Emilia Pardo Bazán, en 1913, escribe algunas recetas de croquetas de pollo o vaca en *La cocina española antigua* indicando, a su vez, la gran popularidad de la que gozan. Señala: "Hay que añadir que la croqueta, al aclimatarse a España, ha ganado mucho. La francesa es enorme, dura y sin gracia. Aquí, al contrario, la hacen bien, las croquetitas se deshacen en la boca, de tan blandas y suaves".

Más recientemente, Almudena Grandes, en *Inés y la alegría* no se olvida de elogiar la croqueta a través de las siguientes palabras "¡Mmm! –cerró los ojos para paladear la penúltima croqueta que quedaba en la fuente, y cuando los abrió, cogió mi cabeza con las dos manos y me estampó un beso en la frente–. Voy a proponerte para una condecoración, no te digo más. Me llevo la otra para el camino".

a) ¿De dónde es originaria la croqueta?

b) ¿De qué estaban elaboradas las croquetas españolas a las que se refiere Alejandro Dumas en su viaje a España?

c) Según la escritora Emilia Pardo Bazán, ¿qué diferencias se observan entre la croqueta francesa y la española?

Sabías que… Las tapas están de moda en todo el mundo. En España se toman para acompañar a una bebida (alcohólica o no) a modo de aperitivo. Ir de tapas es una manera de comer y beber que consiste en desplazarse a diferentes establecimientos en poco tiempo. A esta costumbre se le llama *tapear* o *ir de tapas*. Las croquetas, las aceitunas y la tortilla de patatas son las reinas de las tapas.

Edgar Álvarez–Noreña Cueva – Lector de Español MAEC–AECID, Universidad de Craiova, Rumanía.

Con fabes y sidrina no hace falta gasolina

Ingredientes (para 6 personas)

1 kg de fabes (alubias) de la granja	1/4 kg de lacón
4 chorizos asturianos	1/4 kg de tocino
4 morcillas (de cebolla)	

Preparación

La noche antes, se ponen las fabes a remojo en un recipiente adecuado, unas doce horas por lo menos. Hay que ser generosos con el agua porque absorben bastante.

Se ponen todos los ingredientes en una cazuela de barro u olla proporcional a las cantidades (incluidas las fabes), y se cubren con agua hasta dos dedos por encima de las fabes. Se pone a fuego medio hasta que empiece a hervir, momento en el que se pone a fuego lento y se le agrega un poco de agua fría para romperlo (lo que llamamos "asustar les fabes"*).

Se dejan cociendo a fuego lento durante tres o cuatro horas, procurando "asustarlas" de vez en cuando con agua fría, sin que queden muy caldosas. Hay que procurar que las fabes se pongan tiernas pero sin llegar a romperse.

Una vez que ha finalizado la cocción, se retiran las fabes del fuego y se aparta toda la carne (*el compangu*) en una fuente aparte para que cada comensal se sirva la que considere conveniente.

También se suele servir en cazuelitas individuales ya con el *compangu* agregado.

La fabada asturiana es muy buena para los climas fríos.

¡Buen provecho!

*Aunque en español decimos "las fabes", en Asturias se dice así: "les fabes".

LA ESPAÑA VERDE

¿Qué entiendes por la España verde?

¿Dónde se localiza?

¿Cómo crees que es el paisaje en esta zona? ¿Y el clima?

1. **Lee el siguiente texto y comprueba tus respuestas.**

⌇ Mar y montaña ⌇

L a zona norte de la Península, bañada por el Mar Cantábrico (Galicia, Asturias, Cantabria y País Vasco) es conocida como *cornisa cantábrica* y también
como *España verde*.

Se caracteriza por dos paisajes muy evidentes: la costa (el mar) y el interior (la
montaña). La costa es muy variada y está marcada por rías, acantilados, playas de
arena blanca y numerosos pueblos marineros tradicionales. En la montaña desta-
ca la diversidad paisajística y sus contrastes, donde dominan los prados verdes, sus
tupidos bosques, sus profundos barrancos y valles y sus ríos. Algunos espacios de
esta exuberante belleza ecológica han sido declarados Reserva de la Biosfera por
la UNESCO, por ejemplo, las Cuevas de Altamira o el Parque Nacional de los
Picos de Europa.

Como hemos dicho, esta zona está habitada también por pueblos con una
identidad cultural distinta, y gran parte de esa tradición se muestra a través de su
gastronomía por lo que uno de los alicientes de visitar la España verde es poder
degustar sus ricos y variados platos. La amplia costa que baña esta zona, abastece
de productos del mar de gran calidad; pescados, mariscos y moluscos son ingredientes clave en numerosos platos.
También la carne autóctona es parte fundamental de muchos platos de
esta región.

El visitante no debe dejar de probar una **fabada asturiana**, un **pulpo
a la gallega**, un **cocido lebaniego** o
comer los **exquisitos pinchos** de los
bares del País Vasco.

2. **Contesta a estas preguntas.**

¿Hay zonas verdes en tu país?, ¿dónde?

¿La comida es diferente en esos lugares? ¿Por qué?

Pilar Escabias Lloret – Coordinadora de idiomas, Centro superior de idiomas, Universidad de Alicante, España.

Fideuá valenciana para quitar la desgana

Ingredientes para el caldo (*fumet* o caldo)

- 1 puerro
- 1 cebolla
- 1 zanahoria
- 1 tomate
- 2 dientes de ajo
  "morralla" (cabezas de gamba, colas y cabezas de pescado; pescado de roca, etc.)
- 1 l de agua
  sal y aceite de oliva

Ingredientes para la fideuá (para 4 o 5 personas)

- 1/2 pimiento rojo y medio verde
- 500 g de fideos.
- 250 g de atún o emperador (según gusto)
- 250 g de sepia o calamar (limpios y troceados)
- 200 g de gambas
- 8 mejillones
- 1 l de caldo (el que hemos preparado previamente)
- 1/2 tomate (rallado)
- 1 diente de ajo
- 1 cucharada de pimentón
  unas hebras de azafrán
  sal y aceite de oliva

Preparación del caldo

En primer lugar, pelamos, lavamos y troceamos las verduras y las sofreímos en aceite de oliva en una olla. Añadimos el ajo picado, el tomate rallado y la sal. Cuando el puerro y la cebolla están translúcidos agregamos la "morralla" y la dejamos sofriendo durante un par de minutos. Vertemos el litro de agua y dejamos hervir todo 20 minutos.

Preparación de la fideuá

Lavamos y troceamos los pimientos. Cortamos el pescado en forma de dados, al igual que la sepia o el calamar (también sirve en anillas) y lo dejamos en un plato. A continuación, añadimos aceite de oliva en la paellera e incorporamos las tiras de pimiento rojo y verde. Cuando estén hechas, las retiramos y las reservamos en un plato para decorar al final. En el mismo aceite, sofreímos el pescado, la sepia o el calamar. Al minuto, agregamos el tomate rallado y el ajo muy picado. Removemos y tras otro minuto ponemos el pimentón, el azafrán y un pellizco de sal. Vertimos el litro de caldo (preparado anteriormente) y, cuando empieza a hervir, añadimos los fideos, removiendo todo. A los cinco minutos de cocción añadimos las gambas y los mejillones. Lo dejamos cinco minutos más hasta que el caldo se consuma. Apagamos el fuego, y dejamos reposar dos minutos antes de servir. Decoramos con las tiras de pimientos fritos y servimos.

ORIGEN

1. Lee el siguiente texto para conocer de dónde procede nuestro plato.

La fideuá: prima hermana de la paella.

La palabra *fideuá* proviene del valenciano y se trata de un plato marinero. Se elabora de manera parecida a la paella, la principal diferencia es que la fideuá no lleva arroz sino fideos gruesos.

Al igual que la paella, existen diferentes tipos de fideuá dependiendo de los ingredientes utilizados. Así encontramos la fideuá marinera, cuya base es el pescado y el marisco, la de pollo o la de pulpo, por nombrar sólo algunas de las variedades.

El plato nació por pura casualidad. El cocinero Juan Bautista Pascual, harto de que nunca les llegara a todos los marineros del barco su ración de paella, porque el patrón comía más de la cuenta, decidió cambiar el arroz de la paella por fideos para ver si al patrón le resultaba menos apetitoso y dejaba más comida a la tripulación. El invento no funcionó pero el plato se hizo muy conocido consagrándose como imprescindible de la comida valenciana y, por extensión, española.

Como la paella, se suele hacer en el mismo recipiente llamado *paella* o *paellera*.

Es muy típico comer la fideuá con salsa alioli en el plato.

2. Elige la respuesta correcta.

1. La fideuá es un un plato parecido a…
   a) el gazpacho. b) la paella. c) el cocido.
2. El plato se creó por…
   a) casualidad. b) imitación. c) intuición.
3. La fideuá se cocina en una…
   a) olla. b) paellera. c) sartén.
4. La salsa que se sirve con este plato es…
   a) mahonesa. b) boloñesa. c) alioli.

Paloma Úbeda Mansilla – Profesora de Español, Universidad Politécnica de Madrid, España.

Gachas manchegas para quitarnos las penas

Ingredientes (para 6 personas)

4 dientes de ajo
2 chorizos frescos
2 filetes de panceta de 1 cm de grosor
    (se puede sustituir por papada de cerdo)

6 cucharadas soperas de harina de almortas
pimentón, sal y agua
pan para picatostes (unos 300 g)

Preparación

En una sartén con aceite de oliva freímos los dientes de ajo fileteados, el chorizo en rodajas y la panceta en trocitos. Una vez frito, lo sacamos y lo reservamos. En el mismo aceite, freímos los picatostes y también los reservamos. En la grasa que ha quedado en la sartén ponemos la harina de almortas y la rehogamos un par de minutos a fuego lento hasta formar una masa espesa y tostada. Añadimos entonces el pimentón, que también tostamos ligeramente. Hay que ser cuidadosos con este paso y mantener el fuego bajo. Añadimos el agua poco a poco, removiendo de forma constante para evitar los grumos.

Se añade sal y se deja cocer removiendo. Este puré irá espesando y, cuando tenga ya una buena consistencia, dejamos que hierva durante un par de minutos y que la grasa salga a la superficie.

Retiramos en este momento la sartén del fuego y añadimos los picatostes, el chorizo y la panceta troceada por encima. Las gachas se toman muy calientes.

La forma tradicional de comerlas es poniendo la sartén en el centro de la mesa y comiendo directamente de ella, bien con una cuchara o mojando pan en el puré.

CASTILLA-LA MANCHA

1. ¿Sabes dónde está Castilla-La Mancha? ¿Con qué elementos o imágenes la asocias? ¿Conoces alguna ciudad de esta comunidad? ¿Crees que es de las zonas más ricas de España?

2. A continuación lee el siguiente texto y comprueba tus respuestas.

Castilla-La Mancha es una comunidad autónoma española y está formada por cinco provincias: Toledo, Albacete, Cuenca, Guadalajara y Ciudad Real. Se encuentra al sur de Madrid y limita al sur con Andalucía y Murcia, al oeste con Extremadura y al este con Aragón, Murcia y la Comunidad Valenciana. Su capital es Toledo y consta de una población de algo más de dos millones de habitantes, convirtiéndose en una de las comunidades más despobladas de España. Castilla-La Mancha es la tercera comunidad en cuanto a extensión en España y sin embargo la novena por población.

El clima de Castilla-La Mancha es mediterráneo continental, lo que significa que las precipitaciones son escasas y el clima más extremo. Los veranos son muy calurosos y los inviernos muy fríos.

Económicamente hablando, Castilla-La Mancha ocupa el noveno puesto dentro de España y su economía se basa principalmente en la agricultura y los servicios.

En cuanto a la gastronomía, no se puede entender la cocina de Castilla-La Mancha sin hacer un repaso a la obra universal de Miguel de Cervantes, *El ingenioso hidalgo Don Quijote de la Mancha*. En esta obra se hace referencia a varios platos de la región como los duelos y quebrantos, el pisto manchego o las migas.

Junto con los platos que hemos nombrado no podemos olvidarnos de las gachas, un plato sencillo, muy característico de la región, aunque su origen proviene del norte de Europa y Rusia.

3. Ahora responde si las siguientes afirmaciones son verdaderas o falsas.

	V	F
1. Castilla-La Mancha está al norte de Madrid.	☐	☐
2. Es una de las comunidades donde vive menos gente.	☐	☐
3. Llueve poco y hace mucho calor en verano y en invierno mucho frío.	☐	☐
4. Una de las principales actividades económicas de Castilla-La Mancha es la agricultura.	☐	☐
5. En el famoso libro de Cervantes *El ingenioso hidalgo Don Quijote de la Mancha* se mencionan muchos platos típicos de la región.	☐	☐
6. El origen de las gachas no es español.	☐	☐

Marta Muñoz Torres – Profesora de Español, Universidad de Estudios Internacionales de Xi´an, China.

En verano en Andalucía, gazpacho todo el día

Ingredientes (para 4 personas)

- 1 kg de tomates maduros
- 1 pimiento verde
- 1 pimiento rojo
- 1 pepino pequeño
- 150 g de miga de pan
- 1 cebolla pequeña
- 2 dientes de ajo
- 1 vasito de aceite de oliva
- 1 chorrito de vinagre
- sal
- agua

Preparación

Lava, pela y pica los tomates. También lava y pica el pimiento, quitándole el rabo y las pepitas. Asimismo, pela y pica la cebolla, el pepino y el ajo. Mezcla todo y añade la miga de pan, previamente remojada en agua. Aliña con el aceite, el vinagre y la sal. Pásalo por la batidora y después por el colador chino. Sírvelo frío.

Sabías que... El tomate es un ingrediente básico en las ensaladas, sopas, cremas y en los guisos. Se trata de una hortaliza muy buena para la salud ya que es un alimento bajo en calorías adecuado para las personas con sobrepeso, para los deportistas y para personas con afecciones cardiacas. Por su alto contenido en licopeno, una forma de vitamina A, el tomate favorece la prevención de enfermedades crónicas.

ANDALUCÍA

1. Lee el siguiente texto sobre Andalucía.

■ E ste es un viaje por las ocho provincias andaluzas, un recorrido por las tierras de Almería, Cádiz, Córdoba, Granada, Málaga, Huelva, Jaén y Sevilla. Cada una tan cercana pero tan diferente, con la constante presencia del río Guadalquivir. Ochocientos kilómetros de costa, más de trescientos días de sol al año, dos parques nacionales, el mayor número de espacios naturales protegidos de España, un patrimonio histórico y artístico único en el mundo.

La variedad de fiestas y celebraciones en Andalucía es tan amplia como su geografía, y su calendario es una auténtica enciclopedia donde se resumen las artes y costumbres de sus pueblos. Los carnavales de Cádiz inician ruidosamente la serie, seguidos de la Semana Santa, cuando los templos sacan en procesión sus más valiosos tesoros para acompañar las imágenes de la Pasión.

En cuanto a su música, el flamenco es la expresión más genuina del folclore andaluz. Los festivales de cante en periodo estival establecen un calendario de actuaciones para todos los gustos.

En lo referente a su gastronomía, basa sus platos en las materias primas de la región, pudiendo degustar platos de pescado en las provincias costeras y platos de carne en las de interior. Además, la gastronomía andaluza tiene profundas huellas de la cocina árabe de Al Ándalus. El plato más universal, por su valor alimenticio y su fácil preparación es el gazpacho, aunque existen otras muchas variaciones como son el salmorejo y el ajoblanco, todas ellas deleitarán el paladar más exigente.

Texto extraído de *www.andalucia.org*

2. **Contesta a estas preguntas.**
   1. ¿Consideras que es fácil o difícil hacer gazpacho?
   2. ¿Por qué crees que se ha convertido en un plato mundialmente famoso?
   3. ¿Existe algún plato parecido en tu país?
   4. ¿Puedes definir Andalucía en pocas palabras?

Marisa Pérez Escribano – Profesora de Español, CCCS– Spanish Studies Abroad, Universidad de Alicante, España.
Lucía Sánchez Muñoz – Profesora de Inglés, Academia Central de Idiomas, Albacete, España.

Nuestro plato más internacional: la paella

Ingredientes

600 g de arroz
1/2 kg de pollo troceado
  6 cigalas medianas
1/2 kg de mejillones
200 g de judías verdes
  1 pimiento rojo mediano
  2 tomates maduros
  4 dientes de ajo
1/4 l (un vaso) de aceite de oliva
  1 limón
    pimienta molida
    un poco de colorante
    un poco de sal

Preparación

Primero, ponga sal a la carne de pollo y fríala con aceite en la paellera. A continuación, ralle los tomates y añádalos a la carne junto con los ajos.

Después, cuando la carne esté frita, eche el pimiento cortado a tiras. Continúe sofriendo y meta las judías verdes troceadas. Rehogue todo durante unos minutos.

A continuación, eche el arroz y sofría hasta que quede transparente. Añada alrededor de dos litros de agua hirviendo. Deje cocer a fuego medio y constante durante 20 minutos.

Seguidamente, eche un poco de sal y pimienta así como el colorante. La cantidad de este último dependerá de si lo quiere más o menos amarillo.

Ponga los mejillones en un recipiente al vapor. Cuando estén abiertos, separe la concha que contiene el molusco y colóquelos alrededor de la paellera, a modo de adorno.

Finalmente, distribuya las cigalas en el centro de la paellera para que no se pasen de cocción. Cuando la paella esté lista, coloque unas rodajas de limón para los comensales que quieran exprimirlo sobre su plato y... ¡buen provecho!

EL TÉRMINO "PAELLA" Y SU ORIGEN

1. Completa el texto con las palabras siguientes.

mango	sartén	sabor	utensilio	recipiente	plato	pimentón	azafrán

El término "paella" procede del francés antiguo *paele*, que ha sido transformado en la actual *poêle*. La palabra "paella" comenzó a usarse en castellano como sinónimo de "arroz a la valenciana", aunque, en principio, hace referencia al 1 _____ en el que se prepara, y no al plato en sí. En realidad, la paella es el 2 _____ donde se elaboran una gran cantidad de platos de la Comunidad Valenciana, como la propia paella, el arroz negro o la fideuá. Consiste en una 3 _____ a la que se le ha quitado el 4 _____ sustituyéndolo por dos asas, una a cada lado, que ayudan a afianzarla. Su diseño favorece la evaporación del caldo, debido a su forma cóncava. A pesar de esto, fuera de la Comunidad Valenciana, se suele utilizar el término "paellera" para referirse a este recipiente.

El origen exacto del 5 _____ se sitúa casi con seguridad en la zona arrocera próxima al lago de la Albufera de Valencia. Como en la mayoría de las recetas valencianas, el aceite de oliva y el 6 _____ son fundamentales para la elaboración del plato. La receta tradicional se realizaba con las carnes y verduras frescas disponibles en la región, y garrafón (una alubia plana y blanca), además de algunos caracoles. Para otorgarle más 7 _____ al plato, además del azafrán, se suele añadir un poco de 8 _____ y unas ramas de romero.

2. Contesta a las siguientes preguntas relacionadas con el texto.

a) ¿Por qué se llama paella este plato tan internacional de la cocina española?

b) ¿Cómo se llama el recipiente donde se cocina la paella? ¿Tiene más de un nombre?

c) ¿Qué relación tiene la Albufera con la paella y su origen?

d) ¿Qué especias debemos añadir a la paella para que goce de todo su sabor?

e) Resumiendo, ¿qué ingredientes fundamentales debe tener una paella para que sea la original y genuina?

M.ª Luisa Escribano Ortega – Profesora de Español, Universidad Politécnica de Madrid, España.

Pasta al cava que todos alaban

Ingredientes

300 g de pasta cocida
1 berenjena
1 calabacín
1 zanahoria
1 pimiento verde y/o rojo
1 tomate pelado
1 cebolleta
1 vaso de cava
1 hoja de albahaca
sal
aceite

Preparación

En una cazuela con aceite, pon a pochar el pimiento verde troceado, los tomates en daditos y la cebolleta picada. Pela y pica finamente la berenjena, trocea la zanahoria, pela y corta el calabacín en tiras. Echa todo a la cazuela, remueve y sazona. Agrega el cava y deja hacerse todo unos 15 minutos aproximadamente junto con la hoja de albahaca picada.

Por último, añade la pasta cocida y, una vez escurrida, mezcla todo bien y sirve.

Pon un recipiente con queso rallado (preferiblemente parmesano) para que tus invitados lo añadan a su plato, si les apetece.

Si se va a servir pasta como plato principal, cada porción debe ser de 120 g. Si va a ser como acompañamiento, la porción deberá ser de 50 g. Para hacer 500 g de pasta, hervir en una olla de agua y agregar sal.

LA PASTA

1. Contesta a estas preguntas.

    a) ¿Toda la pasta se produce igual?

    b) ¿Se suele elaborar la pasta en casa?

    c) ¿Toda la pasta tiene el mismo color?

    d) ¿Qué cantidad de agua lleva la pasta?

    e) ¿Es un alimento calórico?

2. Lee el siguiente texto y comprueba tus respuestas.

Sabías que… El origen de la pasta no está muy claro aunque una de las hipótesis más populares es que procede de China, desde donde llegó hasta Italia en el siglo XIII gracias a los viajes de Marco Polo por Asia.

En España sabemos que se consumía durante la dominación musulmana. Los "fideos" (la denominación más antigua empleada para designar la pasta) han llegado hasta nuestros días y ya aparecen por primera vez en un manuscrito árabe del siglo XIII. Existen documentos que prueban que, durante la Edad Media, se consumían en la zona del Levante español.

Uno de los productos más completos por su capacidad nutritiva y energética es, sin duda, la pasta. Aparte de las diversas formas en las que se elabora, otra clasificación fundamental de este alimento se establece mediante el modo de producción. Así, podemos elegir entre variedades de pasta seca y pasta fresca. Esta última se elabora de un modo artesanal y, como no se deseca durante tanto tiempo, ha de conservarse refrigerada. Además, a la hora de cocinar, requiere menos tiempo de cocción.

La elaboración de la pasta fresca es muy sencilla: sólo lleva harina de trigo, que no sea de repostería, huevos y sal. Además, se puede completar con rellenos, que varían en función de los gustos de cada persona: carnes rojas, espinacas, remolacha, queso, champiñones, jamón, salmón, atún…; los sabores los pone el cocinero.

La pasta tradicional se prepara "al huevo". Sin embargo, en casa, se pueden hacer purés variados para añadir a la masa, sustituyendo el huevo: esos purés son lo que le da el color característico a la pasta "de colores".

La cantidad de agua es otra de las diferencias entre la pasta fresca y la seca. La pasta tradicional no tiene más de un 12% de agua, mientras que la fresca alcanza un 30%. Los rellenos suelen producir pastas más calóricas y muy energéticas.

Adaptado de *http://cocina.facilisimo.com/*

Victoria Veiguela Pellitero – Profesora de Español, Instituto Cervantes, Varsovia, Polonia.

Las verduras enloquecen cuando en la sanfaina crecen

Ingredientes (para 4 personas)

- 2 calabacines
- 1 pimiento rojo
- 2 pimientos verdes
- 1 cebolla y media
- 5-8 tomates maduros
- 1 huevo por persona (opcional, para el pisto)
- sal y aceite

Preparación

En una sartén grande, se calienta aceite, se añaden las cebollas cortadas en tiras y se fríen a fuego lento. Después se añaden los pimientos (previamente lavados y troceados) y se añade sal al gusto. Se deja cocinar todo a fuego lento y cuando los pimientos están casi fritos se añade el calabacín pelado y cortado en trozos pequeños. Se cocina todo junto hasta que los calabacines se ablandan y en ese momento se añaden los tomates pelados y troceados.

Se deja cocer hasta que el tomate quede frito y reducido, y se sirve caliente o frío, pudiéndose acompañar por un huevo frito por comensal.

Sabías que... La receta de la sanfaina es típica de la cocina catalana, es el equivalente al pisto en el resto de España. La sanfaina se sirve como acompañamiento de algunos platos como: la tortilla de patatas, el cerdo o la carne. También se come sola, como un primer plato. Lo que diferencia a la sanfaina del pisto es que a este último se le suele añadir huevo.

LAS VERDURAS A LA SARTÉN

1. **Contesta a estas preguntas.**

¿En tu cultura se comen muchas verduras? ¿Cuáles?

¿Se preparan de manera similar?

¿Se relacionan con alguna festividad, tradición o momento histórico?

¿Se toman de alguna manera especial? ¿Solas o acompañadas de otros ingredientes?

UN PLATO MUY MANCHEGO

C omo ves, este es un plato muy mediterráneo, pero aunque siempre se ha dicho que el origen del pisto o *sanfaina* es cien por cien español hay que matizar esto. Se dice que la procedencia de este plato es andalusí: en un principio se llamaba *alboronía* y llevaba berenjenas, calabacines, cebolla y membrillo. A pesar de que la variante más popular se llama manchega, no aparece citada en el Quijote, porque aunque algunos ingredientes ahora imprescindibles del plato, como el tomate, ya habían llegado del Nuevo Mundo, hasta el siglo XVI no se hicieron populares.

La versión española nació en el campo manchego: se trataba de aprovechar lo que producían los huertos de La Mancha, que era lo que comían los campesinos y sus familias con pan.

Esta receta, elaborada a base de legumbres mezcladas con diferentes variaciones, tiene paralelos en toda la cuenca mediterránea en países como Francia, Italia o Malta.

2. **Comenta si las siguientes afirmaciones son verdaderas o falsas.**

	V	F
a) El pisto es un plato tradicional árabe adoptado por los españoles.	☐	☐
b) La receta del pisto se mantiene fiel a la original.	☐	☐
c) En la época de Cervantes el pisto no era una receta tan común como actualmente.	☐	☐
d) Al principio era un plato reservado a las clases altas por llevar ingredientes novedosos.	☐	☐
e) Es posible comer pisto en otros países mediterráneos.	☐	☐

Miriam Calvo – Coordinadora académica de Español en Alcalingua, Universidad de Alcalá, Madrid, España.

El tomate en el salmorejo se va de festejo

Ingredientes	Preparación
1 kg de tomates 200 g de pan 250 ml de aceite de oliva virgen extra un diente de ajo sal y vinagre jamón y huevo	Meter el pan duro en una fuente con agua. Hervir dos huevos en agua con sal durante diez minutos. Trocear el tomate y el ajo y añadirlo a la fuente junto con el pan duro y triturar. A continuación, añadir el aceite, el vinagre y la sal al gusto, remover todo y probar. Si todo está bien, meter en la nevera y dejar enfriar. Para la guarnición, añadir un poco de jamón y huevo duro picados.

Sabías que... Debido a su clima, en el sur de España se toman muchos platos fríos. Además del salmorejo y del gazpacho, también se cocinan otros como la **mazamorra** (que no hay que confundir con el conocido postre latinoamericano) y la **pipirrana**. La primera es muy parecida al salmorejo, pero no lleva tomate y suele llevar aceitunas y huevo duro en la guarnición. La segunda es una ensalada a base de trocitos de cebolla, tomate, pimiento verde y pepino (a veces se le añade huevo o incluso algún pescado).

ORIGEN Y ELABORACIÓN

Al ser una sopa fría, ¿con qué ingredientes crees que está hecha?

¿Crees que se parece a alguna otra sopa fría?

¿De qué parte de España crees que es tradicional?

¿Te sorprende que una sopa se pueda tomar fría?

1. **Lee el siguiente texto y comprueba tus respuestas.**

El salmorejo es una crema servida habitualmente como primer plato. Se trata de una preparación tradicional de la zona española de Córdoba. Se elabora mediante un majado (machacado, triturado) de una cierta cantidad de miga de pan a la que se le añade además: ajo, aceite de oliva, vinagre, sal y tomates. Debido al empleo del pan, su consistencia final es la de un puré, o una salsa. Se suele servir con pedacitos de otros alimentos en su superficie como: virutas de jamón, picatostes, o migas de huevo duro.

El posible origen del salmorejo, entendido como lo es en la actualidad, se remonta a un periodo que va desde el siglo XIX o comienzos del XX. El último ingrediente que se incluyó en la receta fue el tomate.

Posee algunas similitudes con el popular gazpacho; entre las diferencias cabe destacar el abundante uso de pan en su elaboración que hace al salmorejo más denso. Por otra parte, el salmorejo emplea como verduras únicamente tomate y ajo, mientras que el gazpacho se elabora con otras hortalizas como pepino, pimiento y cebolla.

2. **En el texto aparece la palabra *hortaliza*, ¿conoces su significado? Contesta a estas preguntas.**

   a) ¿De qué palabra crees que procede?

   b) ¿Qué otros alimentos además de los que aparecen en el texto pertenecen al grupo de las hortalizas?

3. **Relaciona:**

   1. Salmorejo   a) Aceite, pan, sal y vinagre

   2. Gazpacho   b) Pimiento verde, cebolla, tomate y pepino

   3. Mazamorra   c) Pan, tomate, aceite, sal y vinagre

   4. Pipirrana   d) Tomate, pepino, pan, aceite, sal y vinagre

M.ª Jesús Centeno Ordaz – Profesora de Español, Universidad de Alabama en Birminghan, Estados Unidos.

La tortilla de papas, la mejor de las tapas

Ingredientes

- 4 patatas grandes
- 4 o 5 huevos
- aceite
- sal

Preparación

Primero se pelan 4 patatas grandes y se cortan en láminas bien finas. Después se pone a calentar el aceite en la sartén y cuando está muy caliente, se echan las patatas.

Cuando las patatas ya están blandas se baten los huevos, y se sacan las patatas para mezclarlas aparte en el recipiente donde se han batido los huevos. Después, se quita todo el aceite de la sartén y se deja muy poquito, cuando está bien caliente, se echa la mezcla del huevo y las patatas con un poco de sal y se deja cuajar todo a fuego lento.

Para dorarla por los dos lados, se pone un plato grande sobre la sartén y se vuelca la tortilla en el plato, así queda la parte cruda lista para echarla de nuevo en la sartén.

Sabías que... Además de las patatas, los huevos, la sal y el aceite, es muy frecuente añadir cebolla (cortadita en trozos finos) a la tortilla de patatas. Y es que una tortilla se puede hacer con cualquier ingrediente que tengas en casa: guisantes, chorizo, jamón, pimientos...

Para aquellos con problemas de colesterol, se pueden batir solo las claras, añadir un toque de salsa de tomate y un pellizco de pimentón dulce. De esta forma, la tortilla tendrá el mismo color.

LA PATATA

La patata, que pertenece a la misma familia que el tabaco, procede de los Andes chilenos y peruanos. Ya se cultivaba hace unos 8.000 años en áreas montañosas donde no crecía el maíz que era el alimento principal de los incas. Llamaban a la planta *papa* en quechua y existían muchas variedades. Era un elemento importante en su cultura porque la principal fiesta religiosa de los incas coincidía en el calendario con el tiempo de su cosecha.

La similitud de la papa con la batata (boniato en España o calmote en México) favoreció que en el siglo XVII en España llamaran *patata* a la papa. El explorador español Gonzalo Jiménez de Quesada, la descubrió en 1537 pero la planta no está documentada en España hasta 1570. Saber cuándo se empezó a consumir la patata en España es, a veces, difícil porque muchos cronistas de la época la confundían con otros tubérculos encontrados en el Nuevo Mundo como el ñame, el tupenambo o la mandioca que tienen similitudes en la forma pero, biológicamente son muy diferentes.

De España pasó a Portugal, Italia y Francia. A Inglaterra e Irlanda llegó sobre 1586 y en 1610 a Holanda. En toda Europa se usó principalmente como planta decorativa de jardines y patios, pero pronto empezó su consumo entre las clases más pobres debido a la escasez de castañas por la epidemia que terminó con la mayoría de los castaños de Europa y que eran el alimento básico de la población.

---

1. Escribe junto a cada definición la palabra correspondiente que aparece en el texto.

a) Periodo del año en que se recoge el cultivo. _____

b) Enfermedad que dura mucho tiempo en una zona. _____

c) Pueblo precolombino que vivía en la zona de Ecuador, Perú, Chile y norte de Argentina. _____

d) Falta de recursos. _____

e) Cuadro de épocas del año en que florecen ciertas plantas. _____

f) Raíz de una planta que se puede comer. _____

g) Lengua del pueblo inca que todavía se habla en Perú. _____

SEGUNDOS
PLATOS

Iranzu Peña Pascual —Profesora de Español, Universidad de Navarra, Pamplona, España.

Las albóndigas de la abuela que no falten en la cazuela

Ingredientes

500 g de carne picada (de ternera o de cerdo y ternera)
1 manzana tipo golden
1 zanahoria
1 huevo
1 cebolla pequeña
aceite suave de oliva
caldo o agua
harina
sal

Preparación

Primero, triturar con la batidora una manzana pelada, media cebolla, una zanahoria y un huevo hasta conseguir una crema. Después, mezclar esta crema con medio kilo de carne picada en un bol.

Se le dan bastantes vueltas para que quede todo bien mezclado y se deja reposar un buen rato (media hora). Después, se empieza a dar forma a las albóndigas. Se rebozan en abundante harina y se fríen con cuidado en aceite caliente. Hay que dorarlas uniformemente por todos los lados. Conforme se van friendo, se ponen en una cazuela.

Para la salsa, rehogar en un poco de aceite media cebolla, una zanahoria y un pimiento verde o rojo cortados y verterlo sobre las albóndigas. Añadir medio vaso de caldo (de verduras o de pollo) o simplemente agua, salándolo al gusto. Dejar cocer durante 20 minutos a fuego medio y removerlo de vez en cuando. Se pueden servir acompañadas de arroz, pasta o puré de patata.

COCINA MUSULMANA

1. El siguiente texto habla de las novedades culinarias que introdujeron los musulmanes en la Península Ibérica. Léelo y responde si las afirmaciones posteriores son verdaderas o falsas.

Los árabes revolucionaron la comida

«La comida tiene el don de unir al resto de artes, es algo que sigue a cada cultura y que se extiende fácilmente», comenta Alicia Ríos, una filósofa que se transformó en psicóloga para terminar como especialista en el campo de los sentidos y que ha estudiado el tipo de dieta que mantenían las distintas civilizaciones que han pasado por la Península Ibérica, como la romana, la visigoda y la musulmana. «Los romanos tomaban leche de almendras, mucho pescado, cereales y, por supuesto, carnes, pero no daban la importancia a la cocina que sí le otorgaron los musulmanes. Cuando ellos llegaron, revolucionaron la forma de alimentarse de las personas que vivían aquí». La comida de los pueblos musulmanes que conquistaron casi en su totalidad la península era mucho más refinada, según la historiadora gastronómica. Y es que conferían una mayor importancia al aspecto minimalista de sus platos: especias, legumbres, repostería, zumos…, todo muy lleno de colores y sabores que, lejos de desterrar los productos autóctonos, se complementaban con ellos y formaban una de las bases que hoy sustentan la comida más tradicional.

Adaptado de *http://www.webislam.com*

2. ¿Verdadero o falso?

	V	F
a) Los musulmanes conquistaron todo el territorio de la Península Ibérica. . .	☐	☐
b) Según Alicia Ríos, los musulmanes dieron más valor a la cocina que los romanos.	☐	☐
c) El texto afirma que las personas que vivían en la península, antes de la llegada de los musulmanes, eran más refinadas.	☐	☐
d) Los musulmanes abandonaron los productos anteriormente empleados e introdujeron otros nuevos.	☐	☐

Sabías que... Una albóndiga es una bola de carne picada, y a veces de pescado, mezclada con huevos y diversos condimentos, como perejil, comino, etc. Las albóndigas son un plato enormemente popular, no sólo en España, sino en las diferentes gastronomías del mundo; aunque existen infinidad de recetas para cocinarlas.

La palabra *albóndiga* es un término procedente del árabe *al-bunduqa*, "la bola". Los árabes enseñaron a los europeos a preparar este guiso de bolas de carne.

Miguel Monreal Azcárate – Profesor de Español, Universidad de Navarra, Pamplona, España.

El bacalao al ajoarriero para comer es lo que quiero

Ingredientes

- 1 pimiento verde
- 1 kg de bacalao desmigado
- 1 patata
- 1 cebolla
- 3 dientes de ajo
- 1 lata de salsa de tomate
  unas pocas gambas
    congeladas
  aceite de oliva

Preparación

Poner un día antes el bacalao en un bol con agua, para desalarlo.

Cortar el pimiento verde, el ajo y la cebolla en trozos pequeños. Pelar las gambas.

Poner abundante aceite en una cazuela y calentar. Añadir el pimiento, el ajo, la cebolla y las gambas.

Pelar la patata, cortarla en trozos muy pequeños y añadirla a la cazuela.

Dejar todos los ingredientes a fuego lento durante unos 15 minutos removiendo de vez en cuando.

Escurrir bien el bacalao, añadirlo a la cazuela y cocinar durante unos 10 minutos más.

Sabías que... Para que la cebolla no te haga llorar, moja el cuchillo con vinagre.
Para que el ajoarriero tenga más consistencia, cocínalo con algunos trozos de piel.
Para que nuestro plato tenga un sabor óptimo, usa tomate natural y aceite de oliva virgen.

¿Sabes qué tipo de alimento es el bacalao? ¿Cómo se dice *bacalao* en tu lengua?
¿Te gusta este alimento? ¿De qué modo lo sueles comer?
¿Cómo crees que se cocina en España?

HEMINGWAY Y EL AJOARRIERO

1. **¿Sabes que el escritor Ernest Hemingway probó el ajoarriero durante sus estancias en Pamplona? Lee más en el siguiente texto.**

Hacia 1943 un periodista entrevistó a Ernest Hemingway en su finca Vigía, en San Francisco de Paula, cerca de La Habana. Hemingway le dijo que le gustaban las comidas de estilo español, y en particular el ajoarriero: "Este es un plato que descubrí en la fonda de Marceliano, una taberna y restaurante popular que yo frecuenté en 1926 en Pamplona". La receta que él daba no era con seguridad la que le dieron en Marceliano, puesto que mencionaba ingredientes como cangrejos, setas y gambas, pero también añadía especias raras en el ajoarriero, como laurel, pimienta negra, comino, orégano y mejorana. De ahí que podamos pensar que quizás se refiriera a otro plato.

Años más tarde, poco antes de morir y en otra entrevista para *Il Corriere della Sera*, volvió a señalar el ajoarriero como su plato preferido.

Adaptado de V. M. Sarobe Pueyo: *La cocina popular navarra*

2. **Completa estas frases con información del texto.**
   a) A Hemingway le gustaban las _____ de estilo español.
   b) Seguramente, la _____ que Hemingway contaba no era la que le dieron en la taberna Marceliano.
   c) Hemingway decía que el ajoarriero llevaba _____ raras como laurel, pimienta negra, comino…
   d) El ajoarriero era el _____ preferido de Hemingway.

3. **Contesta a estas preguntas.**
   a) ¿Te gustan las comidas de otros países? Menciona tu plato extranjero favorito. ¿Sabes prepararlo?
   b) ¿Prefieres la carne o el pescado? ¿Qué se come más en tu país?
   c) ¿Crees que los españoles comen mucho pescado? ¿Más o menos que en tu país?
   d) ¿Es la pesca una actividad popular en tu país? ¿Has ido a pescar alguna vez?

Concha Martínez Pasamar – Profesora del Departamento de Filología, área de lingüística y lengua española, Universidad de Navarra, Pamplona, España.

Lasaña de hongos y bacalao, para quien le guste la pasta y el "pescao"

Ingredientes (para ocho o diez personas)

2 cebollas pequeñas	1 cerveza pequeña	leche
1 pimiento verde	láminas de lasaña cocida	sal
2 o 3 dientes de ajo	aceite de oliva	pimienta
500 g de bacalao desalado	mantequilla	
500 g de hongo negro o de setas frescas o en aceite	queso rallado	
	harina	

Preparación

Untar una fuente de horno rectangular con mantequilla y poner a remojar las láminas de lasaña. Calentar un poco de aceite en una sartén grande y poner a dorar el ajo, una cebolla y el pimiento verde picados. Cuando la cebolla esté transparente, añadir el bacalao y desmenuzar con ayuda de una cuchara de palo.

Para ligar los ingredientes, añadir una cucharada de harina y, sin dejar de remover, verter cerveza hasta que el conjunto espese un poco. Salpimentar al gusto.

Colocar en la fuente la primera capa de pasta y extender sobre ella la mezcla de bacalao.

Mientras se ablandan más láminas de lasaña, en la misma sartén, dorar el resto del ajo y la cebolla con los hongos troceados. Reservar unos trocitos de hongo o unas setas.

Espesar nuevamente con harina y cerveza, y salpimentar al gusto hasta obtener una pasta ligada, pero no demasiado espesa.

Colocar una nueva capa de láminas de lasaña, luego la mezcla de hongos y, finalmente, la última lámina de pasta.

Preparar una besamel de cobertura añadiendo –sin dejar de remover– leche a dos cucharadas de harina doradas en la mantequilla. Añadir sal y pimienta al gusto, y batir en esta salsa los hongos o setas reservados previamente.

Cubrir la lasaña con esta besamel y, por último, espolvorear con queso rallado y un poquito de pimienta molida.

Hornear hasta que la superficie quede dorada.

El plato gana mucho si se añade trufa negra rallada a la mezcla de hongo y a la besamel.

SOBRE NUESTRO PLATO

¿Cómo se dice *bacalao* en tu idioma? ¿Y *hongos*? ¿Se usan mucho los hongos en la cocina de tu país? ¿Y el bacalao? ¿Qué tipo de hongos conoces?
¿Cuál es el pescado más conocido de tu país?

1. **Lee este texto y escribe si las afirmaciones siguientes son verdaderas o falsas.**

Bacalao de Bilbao

Parece que es a los pescadores vizcaínos de ballena a quienes se debe la introducción del bacalao en la Península Ibérica, donde la cantidad de consumo iguala a la del resto de Europa. Los tratados de pesca con los ingleses dan noticia de su presencia aquí desde finales de la Edad Media, pero es a partir del siglo XVI cuando se populariza, pues una vez salado, mediante un proceso únicamente válido para las especies que no tienen grasa, podía conservarse durante mucho tiempo y transportarse con facilidad, de manera que resultaba un pescado económico, muy lejos del manjar que es en la actualidad.

Además, la prohibición de la carne durante determinadas épocas del año litúrgico –como en Cuaresma– favoreció su consumo y la creatividad en su preparación.

El centro comercial desde el cual este producto se distribuía por España era el puerto de Bilbao, adonde se transportaba el bacalao desde Terranova. Algunas poblaciones de nombre vasco dan testimonio de la instalación de secaderos en las costas de aquella isla.

V F

a) El bacalao fue introducido en España por los ingleses. . . . . ☐ ☐

b) En otros países europeos se consume tanto bacalao como en la Península. . . ☐ ☐

c) Su consumo se generalizó a finales de la Edad Media. . . . . ☐ ☐

d) El bacalao era un pescado barato. . . . . ☐ ☐

e) La Iglesia prohibía el bacalao en algunas épocas del año. . . . . ☐ ☐

f) Los secaderos de bacalao estaban en las costas vascas. . . . . ☐ ☐

Betina Elisa Kind – Escuela de idiomas Skill me up, Roma, Italia.

Locro criollo argentino para empezar con buen tino

Ingredientes

- 1 kg de maíz blanco partido
- 1 kg de porotos
- 500 g de carne de ternera (con hueso, puede ser costilla)
- 3 chorizos colorados
- 150 g de panceta ahumada
- 1 patita de chancho y sus cueritos
- 100 g de tripa gorda
- 200 g de mondongo
- 500 g de zapallo amarillo criollo
- 3 puerros
- 5 cebollas de verdeo
- 3 cucharadas de pimentón dulce
- 2 cucharadas de comino en grano
- 1,5 cucharadas de grasa de pella

Preparación

Pon en remojo la noche anterior el maíz partido y los porotos. Pon a cocer lentamente ambos en la misma agua, junto a las patitas de chancho y los cueritos cortados chicos, durante una hora y media a dos horas; hasta que estén tiernos, si ves que falta líquido, agrega agua hirviendo y continúa la cocción. Añade el resto de carnes, chorizos, panceta, achuras cortados en trozos y el mondongo en cuadraditos. Haz que rompa el hervor, despuma; deja cocer lentamente otra hora más. Antes de añadir las verduras, saca las carnes y córtalas en trozos pequeños; deja el tiempo necesario para que todo esté bien cocido y espesito.

Mientras, fríe la cebolla de verdeo picada fina con la grasa de pella colorada (se prepara la grasa de pella con el pimentón en el fuego y se deja hasta que la grasa quede colorada, cuidado que no se queme), saca y echa un chorrito de agua fría.

Sirve en platos hondos con una cucharada de cebolla de verdeo y la pella colorada.

UNA COCINA CON MUCHAS INFLUENCIAS

1. Escribe los nombres de los alimentos que aparecen en la receta, luego busca cómo se llaman en tu lengua.

LA COCINA ARGENTINA

La cocina argentina puede entenderse como una mixtura cultural entre las influencias indígenas, mediterráneas (italo-hispano-árabes) y la variedad de productos agrícolas y ganaderos, que abundan en estas tierras. Dicha cocina tiene un fuerte componente cárnico, herencia española, a la que debemos agregarle las preparaciones de origen autóctono a base de cereales y tubérculos como el maíz y la mandioca; animales de caza como el armadillo, vizcacha, perdiz, ñandú o viracho (ciervo macho); pescados de río como el bagre, sábalo, pacú, o surubí y crustáceos y moluscos del atlántico patagónico.

Hasta mediados del siglo XIX en las mesas argentinas se servían platos de elaboración española y regional, aunque probablemente quedaría reservada al ámbito familiar la preparación de algún plato de otros países de la Europa Central.

En este país se disfruta mucho de su gastronomía. Son muy comunes las reuniones en torno a la comida. Las invitaciones a comer suelen ser signos de amistad, calidez e integración. Las reuniones familiares en domingos generalmente son en torno a un asado o un buen plato de pastas.

Otro rasgo que se mantiene es la preparación casera de los alimentos, especialmente cuando se agasaja a alguien, se celebra un acontecimiento o tan sólo para una reunión entre amigos. La tradición de elaborar artesanalmente los alimentos pasa de generación en generación y también es una forma de homenajear a los seres queridos.

2. Lee de nuevo el texto y, sin mirarlo, intenta completar las frases siguientes con tus propias palabras.

a) La cocina argentina puede entenderse como una mixtura cultural entre las influencias indígenas, mediterráneas (italo-hispano-árabes) y _____ .

b) Hasta mediados del siglo XIX en las mesas argentinas se servían platos de elaboración _____ .

c) Las invitaciones a comer suelen ser signos de _____ .

d) Otro rasgo que se mantiene es la preparación casera de los alimentos, especialmente cuando _____ .

MECHADO DE TERNERA — FILIPINAS

Dánica Salazar Lorenzo – Profesora asociada, Universidad de Barcelona, España.
Anna Marie Sibayan – Profesora de Español, Universidad de Filipinas, Manila.

En Filipinas, con aceite y ajo, también se cocina

Ingredientes

1 kg de carne para estofado, cortada en pedazos grandes
3 dientes de ajo picados
1 cebolla pequeña cortada en aros
3 tomates grandes cortados
1 hoja de laurel
3 cucharadas de salsa de soja
6 patatas medianas, peladas y cortadas en cuartos
aceite para freír

Preparación

Se cocina la carne, los ajos, las cebollas, los tomates, la salsa de soja y la hoja de laurel en una sartén hasta que la carne esté tierna (sobre 45 minutos o una hora). Media hora antes de que la carne esté lista, se fríen las patatas en aceite hasta que cojan color. Se saca todo el aceite de la sartén. Cuando quede una cucharada, se añade el ajo. Se saltea todo unos dos minutos. Se saca la carne de la salsa y se añade el ajo salteado. Se dora la carne, se añaden las patatas y la salsa y se deja calentar. Una vez hierva, se saca del fuego y se sirve con arroz blanco.

1. ¿Cuál de los ingredientes crees que no es propio de la cocina española sino de la asiática?

UN ESTOFADO ASIÁTICO

2. Contesta a estas preguntas.

   ¿Has probado alguna vez la comida filipina?

   ¿Y de otros países asiáticos?

   ¿Qué platos asiáticos te gustan?

La influencia española en la cocina filipina

Resulta curioso que los españoles desconozcamos todo sobre la única cocina asiática en la que España ha dejado su impronta, la de Filipinas. Estamos hablando de una gastronomía en la que los casi cuatro siglos de presencia española en aquellas tierras han dejado enormes influencias. Los filipinos se sienten orgullosos de sus raíces, hasta el punto de que cerca del 80 por ciento de toda su cocina tiene su origen en la española, aunque lógicamente adaptada a los productos y a los paladares de allá. Pero no me nieguen que no es bonito encontrar cocina asiática en la que aparecen la "paella" o los escabeches y adobos, se emplean técnicas como el empanado o el salteado con cebolla y se utilizan el ajo, el aceite de oliva, el laurel o el tomate. Y en la que se conservan costumbres como la "merienda", que se sigue llamando así en tagalo, el idioma nacional filipino, junto a palabras como "longaniza", "albóndigas" o "callos".

Adaptado de Carlos Maribona, "Sulú y la cocina filipina".

3. Según el texto, ¿cuáles son las huellas que ha dejado la cocina española en la filipina? Completa el siguiente cuadro.

Platos	Ingredientes	Técnicas

4. ¿Qué otras cocinas del mundo crees que tienen influencia española?

Eugenia Mota Muñoz – Profesora de Español de los Negocios, IESE Business School, Barcelona, España.

Migas extremeñas, las mejores las de mi tierra

Ingredientes (para 4 personas)

500 g pan del día anterior
50 g de panceta en lonchas
1 chorizo
1 cabeza de ajo
1 vaso de aceite
1 cucharadita de pimentón
sal
agua (medio vaso)

Preparación

La noche anterior cortar el pan en trocitos y ponerlo en una fuente. Añadirle medio vaso de agua con sal, taparlo con un paño y dejarlo reposar.

Para elaborarlas, pelar 3 o 4 ajos, freírlos cortados a láminas y retirarlos del aceite cuando estén dorados.

A continuación, freír en el mismo aceite la panceta y el chorizo en trocitos hasta que comiencen a dorarse, sacarlos con la espumadera, escurrirlos un poco y reservarlos.

Echar ahora las migas remojadas y un poco de pimentón (si se quiere), bajar un poco el fuego y darle vueltas machacando el pan con la espumadera. El secreto está en realizar este movimiento durante bastante tiempo y de forma constante, retirándolas antes de que se quemen. Las migas tienen que quedar sueltas y bien impregnadas.

Por último, comprobar el punto de sal y volver a añadir los trozos de carne para calentarlo todo junto.

Si se hacen para desayunar se pueden preparar sin la carne ni el pimentón. ¡Resultan también muy ricas mojadas en la leche!

COCINA DE EXTREMADURA

1. **Responde a las siguientes preguntas.**

   ¿Conoces Extremadura?

   ¿Sabrías dónde ubicar esta región en el mapa?

   ¿Cómo crees que es la cocina de allí?

   ¿Qué platos crees que son representativos de esa región?

2. **Lee el siguiente texto y comprueba tus respuestas.**

Extremadura es una de las diecisiete Comunidades Autónomas que existen en España. Situada al sudoeste de la Península Ibérica, linda con las Comunidades Autónomas españolas de Castilla y León al norte, Castilla-La Mancha al este y Andalucía al sur, y comparte una extensa frontera al oeste con las regiones portuguesas del Alentejo y Centro.

La cocina extremeña, tanto la culta como la popular, se caracteriza por su sencillez y falta de artificios, que se suple con la calidad de sus materias primas. Las sopas gozan de justa fama, tanto en gusto como en variedad: cabe destacar la sopa de cocido, de la que se dan diversas variedades con pan frito, fideos, arroz, etc.

Pero no por su sencillez deja de ser imaginativa esta cocina. Así, las sopas de tomate las adornan con uvas, higos o aceitunas. Extremadura, en sus rigurosos inviernos, encuentra en las sopas calientes un entrante o preludio digno para los sustanciosos y nutritivos segundos platos.

Sus veranos, también rigurosos, los combate con las sopas frías: gazpachos, zorongollos, trincallas, macarracas, etc.

No se pueden olvidar las sopas de espárragos, las de habas, berros, etc. Fundamentalmente en este apartado cabe destacar el gazpacho extremeño, el ajoblanco de poleo y las afamadas migas extremeñas.

Igual que la tortilla de patatas, existen muchas versiones de migas. Al ser un plato de pastores, y como los pastores se movían de un lado a otro del país, no es fácil saber dónde está su origen. Por eso, los ingredientes y la forma de comerlas pueden variar dependiendo de la zona donde se hagan, Extremadura, Aragón...

3. **Ahora contesta a estas preguntas.**

   ¿Sabes qué es una miga?

   ¿Y una rebanada?

   ¿En tu país se come pan?

   ¿De qué tipo y cuándo? ¿Y en tu familia?

4. **Hay muchas variedades de pan, por ejemplo el plan integral, ¿conoces otras? ¿Qué tipo de pan se suele consumir en España?**

Sabías que... El pan es un alimento fundamental en la dieta mediterránea y, por lo tanto, en la cocina española. Los españoles consumimos el pan fresco.

Se come con pan y se cena con pan. Muchos platos de la gastronomía española se disfrutan mucho más mojando pan en ellos.

Marisa de Prada Segovia – Formadora de profesores de E/LE y E/FE, IESE, Business School, Universidad de Navarra, Barcelona, España.

El mole de olla mexicana la mesa engalana

Ingredientes

2 elotes tiernos en trozos
3 calabacitas
2 zanahorias en tiras
1/4 kg de ejotes
2 ramitas de epazote
2 cucharas de chipotle (o chile huajillo)
1/2 kg de trozos de pulpa de cerdo
1/2 kg de espinazo de cerdo rebanado
    sal y pimienta al gusto

Preparación

Espolvorear la carne con sal y pimienta y dorarla un poco. Agregar tres tazas de agua, el chipotle y un poquito de sal. Dejar hervir una hora o hasta que la carne esté cocida (suave). En una olla pequeña con agua, poner a hervir el chipotle con los dientes de ajo durante cinco minutos. Picar la zanahoria, las calabacitas, los ejotes y los elotes, en trozos medianos. Agregarlos a la olla con la carne. Dejar cocer durante 15 minutos más. Colar la salsa de chile y agregar a la olla con el caldo. Añadir las ramas de epazote y sazonar con sal, al gusto. Cocer 10 minutos más. Servir caliente.

Sabías que... La cocina mexicana tiene carácter propio y diferenciado de las otras cocinas del mundo. Parte de su valor está en el número de ingredientes que utiliza, en su amplia gama de sabores, colores y texturas, en la presentación de los platillos y en las técnicas de cocina que le son propias. La cocina de México se caracteriza por ser a veces muy condimentada y reúne tradiciones gastronómicas españolas e indígenas.

1. ¿Conoces todas las palabras de la receta anterior? Relaciona la palabra con la definición.

1. ejote   a) Chile picante, de color rojo ladrillo, que se usa secado al humo.

2. elote   b) Guiso de carne de pollo, de guajolote (pavo) o de cerdo que se prepara con esta salsa.

3. chipotle   c) Planta herbácea. Se toman en infusión las hojas y las flores.

4. epazote   d) Mazorca tierna de maíz, que se consume, cocida o asada.

5. mole   e) Vaina del frijol cuando está tierna y es comestible.

2. ¿Qué sabes de la cocina mexicana? ¿Conoces algún otro plato de ese país? ¿Con qué sabor identificarías este plato?

EL MOLE DE OLLA

Este es uno de esos platillos indispensables en la cocina casera mexicana. Cada cocinero tiene su versión particular con las cantidades y tipos de chiles, hierbas y verduras que prefieren. Hay a quienes les gusta más caldoso y otros que prefieren la salsita más espesa.

Ejote es la palabra que se utiliza en México para denominar las vainas que producen varias especies de plantas de frijol. Los ejotes generalmente se consumen cocidos, ya sea enteros, picados o rebanados. Se utilizan a menudo en ensaladas, sopas y guisos. Son muy nutritivos por su alto contenido de vitaminas, minerales y fibra.

La palabra *ejote* viene del vocablo náhuatl (idioma de un grupo grande de indígenas de lo que ahora es México y América Central) *exotl*. La planta es originaria de América Central y del Sur, donde se ha cultivado durante más de 7.000 años.

Los ejotes son muy conocidos en prácticamente todos los países de habla hispana, pero cada región los llama por un nombre distinto: frijoles verdes, judías verdes, vainicas, habichuelas, vainas o vainitas.

Algunos otros alimentos de origen americano son el tomate, la papa, el maíz, el chocolate, la vainilla, el chile, el cacahuate (maní), la piña y la calabaza.

3. Según el texto, las frases siguientes son verdaderas o falsas.

	V	F
a) Los mexicanos cocinan este plato de distintas maneras.	☐	☐
b) Los ejotes se utilizan solo en ensaladas.	☐	☐
c) La calabaza es de origen americano.	☐	☐
d) En casi todos los países de habla hispana se conocen los ejotes.	☐	☐

Marisa de Prada Segovia – Formadora de profesores de E/LE y E/FE, IESE, Business School, Universidad de Navarra, Barcelona, España.

El pollo de enero, por San Juan va al comedero

Ingredientes (para 4 personas)

- 1 pollo cortado en cuartos
- 3 cebollas peladas y cortadas en trozos pequeños
- 1 bote grande de melocotón en almíbar
- 3 cucharadas de aceite de oliva

Preparación

Debes poner a calentar el aceite de oliva en una cazuela y después echar los 4 trozos de pollo y las 3 cebollas peladas y cortadas en trozos pequeños.

Tienes que dejarlo dorar todo unos 10 minutos a fuego medio.

Después has de verter el almíbar del bote (no los melocotones) y dejarlo a fuego medio unos 15 minutos.

Por último, tienes que poner los melocotones en la cazuela y dejar todo 10 minutos a fuego medio y ¡ya está!

Puedes servirlo en una fuente y... a comer.

El acompañamiento del plato puede ser arroz blanco o verduras.

1. ¿Se suelen preparar platos de pollo en tu país? ¿Cómo se preparan?

RASGOS DE LA COCINA ESPAÑOLA

2. **En estas afirmaciones sobre los rasgos comunes de la cocina española hay dos que no son ciertas, ¿adivinas cuáles son?**

   a) El uso de aceite de oliva como grasa base culinaria, tanto en crudo, como para fritos y sofritos.

   b) La utilización de cebolla y ajo, como condimentos básicos.

   c) El hábito de comer fruta antes de la comida.

   d) El sofrito como inicio en la preparación de muchos de los platos.

   e) El consumo de pan en las comidas.

   f) El desayuno como comida principal.

   g) La abundancia de ensaladas, sobre todo en verano.

   h) La costumbre de tomar vino o cerveza con las comidas.

3. **Completa el texto siguiente con los verbos que faltan.**

dorarse	picar	freír	añadir	calentar	elaborar

EL SOFRITO

Según el diccionario de la Real Academia, sofreír es 1 _____ ligeramente alimentos y sus condimentos. Llamamos sofrito a los alimentos que sofreímos suavemente.

El sofrito constituye la base fundamental con que podemos 2 _____ la mayoría de los platos guisados de la cocina mediterránea. Se puede decir que no hay guiso sin sofrito.

Es una de las salsas básicas y necesarias en los guisos de pescado, carne, pasta y arroz.

¿Cómo prepararlo?

Hay que 3 _____ bien una cebolla, ya que para que un sofrito salga bien, todo tiene que estar muy picado. Es imprescindible poner a 4 _____ una sartén, cazuela o puchero con un generoso chorro de aceite de oliva, se echa la cebolla y cuando empieza a 5 _____, se añade el tomate cortado a dados pequeños.

El sofrito de cebolla y tomate es la base de multitud de platos. A este sofrito básico se le puede 6 _____ pimiento verde o rojo, ajo, puerros, zanahorias, etc.

4. **Contesta a estas preguntas.**

   ¿Qué condimentos usarías para un plato de pollo?

   ¿Te has inventado alguna receta con pollo?

Laura Acuña Leiva – Profesora de Español, Volkshochschule Rhein–Sieg, Alemania.

El pollo chileno, famoso en el mundo entero

Ingredientes

- 1 cuarto de pollo por persona
- 4 dientes de ajo
- 2 o 3 cebollas pequeñas por persona
- 1/2 pimiento verde fresco y pelado
- 1 o 2 botes (o frascos) de alcachofas en conserva
- 1 vasito de jerez
  nata fresca
  aceite para freír
  sal y pimienta

Preparación

Se limpian y se secan los trozos de pollo y se rehogan con muchos dientes de ajo, para que tomen gusto.

Se sacan los trozos fritos ya dorados y se ponen en una fuente apta para horno.

En el mismo aceite se fríen las cebollas partidas en trozos pequeños y cuando estén doradas se sacan y se extienden sobre el pollo.

A continuación, se fríen los pimientos cortados en cuadrados, se sacan y se extienden sobre las cebollas.

Sobre los pimientos, se colocan los corazones de alcachofas partidos por la mitad.

Encima de cada capa se echa pimienta y sal.

Al final, se rocía con el jerez y se añade un poco de nata fresca.

Poner en el horno para acabar la cocción durante más o menos 15 minutos.

Se sirve con arroz o con puré de papas.

CHILE

1. ¿Qué conoces de Chile? ¿Y de su cocina? ¿Podrías nombrar algún plato chileno? Vamos a descubrir un poquito más de la cocina de Chile.

COCINA ANDINA

Situado en el extremo suroeste de América, Chile cuenta con una amplia y variada gastronomía altamente influenciada por la conquista española. Junto con los españoles también llegaron los ingredientes que se transformarían en la base de su cocina. Entre los productos que llevaron están el trigo y los animales de granja: cerdos, pollos, ovejas y ganado vacuno. Estos ingredientes se mezclaron con los autóctonos dando origen a los platos más típicos de Chile.

Según los historiadores, el menú durante la Colonia era muy nutritivo. Al primer plato lo llamaban de "residencia" y podía ser ave, carne o pescado. Después seguían con "el guiso abundante", elaborado a base de papas y choclo (maíz). También nace la afición por las algas marinas.

En el mismo siglo llegaron provenientes de México el ganso y el pavo, de Jamaica los melones y las sandías. Las bebidas más populares son el té, que se toma a las 5 de la tarde y el café, que se toma a todas horas.

De postre se toman chirimoyas, lúcumas, manzanas, peras, sandías y melones, y murta y murtillas junto a otras bayas, se utilizan para hacer mermeladas.

Junto con la cocina, el vino chileno es conocido en todo el mundo por su aroma, calidad y cuerpo. Otra bebida muy consumida es el pisco chileno, fermentado de los viñedos de las regiones de Atacama y Coquimbo y con denominación de origen.

Entre los platos más conocidos en la cocina chilena actual podemos destacar el ajiaco, la sopa de carne con ají, el curanto en plato, cuya base es el marisco y la carne, las empanadas o el pollo a la chilena.

2. **Contesta a estas preguntas.**

¿Qué es lo que más te ha sorprendido del texto anterior? ¿Conocías esta información? ¿Cómo calificarías la cocina chilena? ¿Se parece a la española? ¿Y a la de tu país? ¿Por qué?

3. **En el texto aparecen diferentes maneras de cocinar los alimentos y verbos relacionados con la cocina. Anota otras maneras de cocinar que conozcas y pon ejemplos.**

Verbos relacionados con la cocina
Rehogar: rehogar el ajo con el pollo.
...

Adjetivos relacionados con la cocina
Dorado: trozos de pollo dorados.
...

Dolores Coronado Badillo – Directora académica, Babylon idiomas, Barcelona, España.

El pulpo gallego para quitarse el sombrero

Ingredientes

1 pulpo
4 o 5 patatas
aceite
sal
pimentón rojo

Preparación

Normalmente, si el pulpo se compra fresco, se lava bien y se congela. Si no hay tiempo de congelarlo y descongelarlo, antes de cocinarlo hay que *darle una paliza* (por ejemplo, golpeándolo con un rollo de cocina).

Se pone agua en la olla, preferiblemente de cobre, y se pone a hervir. Cuando hierva el agua, se asusta al pulpo, es decir, se coge por la cabeza y se introduce el pulpo en el agua dos veces sin dejarlo totalmente, a la tercera se deja dentro y se deja cociendo 15 minutos en la olla exprés (más tiempo en otro tipo de olla). Cuando esté cocido se saca del agua y después se cortan los tentáculos en rodajas con una tijera.

Se ponen a hervir las patatas con piel en el agua del pulpo. Una vez hervidas, se pelan y se cortan en rodajas.

Se sirve en tablas de madera. Se ponen primero las rodajas de patata y encima las de pulpo. Se pone por encima aceite, sal gruesa y pimentón rojo (dulce o picante, al gusto). Se suele comer con palillos de madera.

¿QUÉ CONOCEMOS DE GALICIA?

1. Completa el texto con las palabras de la caja.

diseñadores gallegos   lenguas oficiales   clubes de fútbol   gaita tarta de Santiago   Rías Bajas   Camino de Santiago   murallas romanas tradición popular   empanada gallega

GALICIA: *Toda una experiencia*

◆ **Gastronomía:** Además del pulpo a la gallega, forman parte de su gastronomía típica la **1** _____ (rellena de verduras, carne o pescado), los quesos (tetilla), la **2** _____, los vinos (Ribeiro, Albariño) y los aguardientes (queimada).

◆ **Lengua:** El gallego es una de las cuatro **3** _____ en España junto al español o castellano, el vasco y el catalán.

◆ **Literatura:** Los escritores gallegos más destacados son Alfonso X el Sabio, Rosalía de Castro, Emilia Pardo Bazán y Valle Inclán.

◆ **Música folclórica:** Se considera celta con influencias de la música de Irlanda, Escocia y la Bretaña francesa. La **4** _____ es el instrumento principal para músicos y grupos actuales como Uxía, Milladoiro o el popular Carlos Núñez.

◆ **Turismo:** Además de la ciudad de Santiago de Compostela, las **5** _____ de Lugo y la Torre de Hércules en A Coruña, se recomienda recorrer sus costas. Las más visitadas son la Costa de la Muerte, las **6** _____ y el Parque Nacional de las Islas Cíes.

◆ **Tradiciones religiosas:** El **7** _____ es una ruta que recorren los peregrinos de toda Europa desde época medieval para llegar a la ciudad de Santiago de Compostela donde está enterrado el apóstol Santiago.

◆ **Creencias:** Las *meigas* (brujas) están presentes en la **8** _____. Se cree que son personas con poderes mágicos que pueden curar a la gente con sus conjuros.

◆ **Fútbol:** El Celta de Vigo y el "Depor" (Real Club Deportivo de La Coruña) son los dos **9** _____ más populares en Galicia.

◆ **Moda:** Roberto Verino, Adolfo Domínguez y Purificación García son **10** _____ reconocidos.

2. ¿Sabes cómo se llaman los siguientes mariscos?

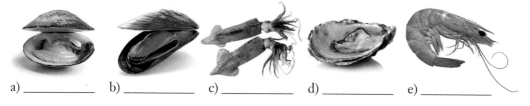

a) _____   b) _____   c) _____   d) _____   e) _____

Carmen Rosa de Juan Ballester – Profesora de Español de los Negocios, IESE Business School, Barcelona, España.

De la mar el salmón y de la tierra el jamón

Ingredientes (para 4 personas)

500 g de lomos de salmón,
    cortados en trozos gruesos
  5 cucharadas de aceite de oliva virgen
 50 g de harina
1/2 cebolla grande o una pequeña
  2 dientes de ajo
  1 pimiento rojo pequeño
  1 pimiento verde pequeño
  1 pimiento amarillo pequeño
100 g de frutos secos (pasas, pistachos,
    almendra picada y nueces)
    sal y pimienta

Preparación

Pon el salmón en un plato, échale una pizca de sal y enharínalo.

Calienta el aceite a fuego vivo durante un minuto. Después, reduce el fuego y fríe la cebolla y el ajo, picados previamente.

Añade los pimientos cortados en juliana (en tiras finas).

Pon el salmón y rehógalo a fuego lento hasta que esté dorado y las verduras tiernas.

Dos minutos antes de apagar el fuego, echa los frutos secos y remuévelo todo con una cuchara de madera y con cuidado de no deshacer el salmón.

Sabías que... Los frutos secos consumidos en una proporción adecuada son sanísimos. Por ejemplo, se ha demostrado que consumir diariamente 85 gramos de nueces disminuye el colesterol en sangre y, por lo tanto, reduce el riesgo de padecer enfermedades cardíacas.

EL CONSUMO DE PESCADO

1. **Contesta a las siguientes preguntas.**

   ¿Se consume mucho pescado en tu país? ¿Qué tipo de pescado? ¿De mar o de río?

   ¿Cuál es la procedencia del pescado que se consume en tu país?

   ¿Hay algún pescado típico que se pesque en tu país?

   ¿Se exporta pescado de tu país? ¿Y se importa?

2. **Lee la siguiente información. Compárala con el consumo de tu país.**

   > El consumo de pescado en España es de 28 kilos al año por persona. Se consume tanto pescado fresco como congelado, pero la tercera parte del pescado que comen los españoles es merluza o pescadilla. La merluza es la favorita en la escala de consumo de pescado en España, pero la sardina, el boquerón, el atún, el lenguado, el bacalao o el salmón, entre otros, también son muy populares. También se consume mucho marisco, por ejemplo, el consumo de langostino es de unos dos kilos por persona al año, seguido del calamar, el pulpo, los mejillones y los berberechos.

3. **Contesta a estas preguntas.**

   ¿Tú comes pescado habitualmente? ¿De qué tipo?

   ¿Te gusta el salmón? ¿Qué origen tiene el salmón que sueles comer?

   ¿Has probado alguna vez el salmón español?

   ¿Cómo sueles comer el salmón: fresco y cocinado, ahumado o marinado?

4. **Hay muchas formas de cocinar el pescado. Relaciona cada elemento con su explicación.**

1		al pil-pil	a) Envuelto en papel de horno u otro para asarlo en su jugo.
2		en su tinta	b) Preparado con un compuesto de vinagre, sal, orégano, ajos, pimentón, etc.
3		en escabeche	c) Macerado en un líquido compuesto de vino, vinagre, especias, hierbas, etc.
4		ahumado	d) Guisado con aceite, guindillas y ajos en cazuela de barro, y servido hirviendo.
5		marinado	e) Cocinado con el líquido oscuro propio de los cefalópodos.
6		en papillote	f) Inmerso en zumo de limón o naranja agria, cebolla picada, sal y ají.
7		cebiche	g) Sometido a la acción del humo.
8		en adobo	h) Conservado en una salsa o adobo que se hace con aceite frito, vino o vinagre, hojas de laurel y otros ingredientes.

Dolores Barbazán Capeáns – Lectora de Español MAEC–AECID, Universidad Ovidius, Constanza, Rumanía.

Por San Juan la sardina moja el pan

Ingredientes

20 sardinas
2 cucharadas de pan rallado
2 dientes de ajo
perejil y sal
el zumo de 1 limón

Preparación

Limpia las sardinas, ábrelas y colócalas en el horno en una bandeja ligeramente engrasada. Espolvoréalas con sal, ajo, perejil, zumo de limón y, por último, el pan rallado. Métalas al horno precalentado a 200° unos 5 minutos. Gratínalas unos minutos más.

Sabías que... Las sardinas son muy saludables. Contienen un 21% de proteínas, 4% de grasa y 75% de agua. Ricas en Omega 3, aportan vitaminas y minerales muy diversos.

El verano es temporada de sardinas aunque en España se consumen durante todo el año y son uno de los pescados más populares. Se preparan de muchas formas: a la parrilla, asadas, fritas, rebozadas, guisadas...

El único secreto es que estén frescas y que siempre queden jugosas. Si se cocinan demasiado pierden parte de su sabor y aroma. ¡A comer!

UNA DIETA EQUILIBRADA

1. ¿Qué entiendes por una dieta equilibrada? ¿Consideras que tienes una dieta equilibrada?
2. ¿Las frases siguientes son verdaderas o falsas?

	V	F
a) Todas las personas deben comer lo mismo sin importar el sexo o la edad.	☐	☐
b) No es recomendable ingerir más del 30% de glúcidos del aporte calórico total de nuestra dieta.	☐	☐
c) Es aconsejable comer carne roja dos veces al día como mínimo.	☐	☐

3. Lee el siguiente texto y vuelve a replantearte las preguntas anteriores.

Comer bien

Una dieta equilibrada es la formada por los alimentos que aportan la cantidad adecuada de los nutrientes necesarios para tener una salud óptima. Debe ser variada, consumiendo sobre todo productos frescos y de temporada.

Una dieta equilibrada depende de una serie de factores personales como la talla, el sexo, el peso, la edad, la actividad que realizamos, el clima y el entorno en el que vivimos.

Las cantidades de cada nutriente deben estar equilibradas entre sí:

- Las proteínas deben suponer un 15% del aporte calórico total.

- Los glúcidos deben aportar al menos un 50 o 60% del aporte calórico total.

- Los lípidos no deben sobrepasar el 30% de las calorías totales ingeridas.

Reducir el consumo de los lácteos grasos como mantequilla o nata y tomar legumbres, verduras y frutas nos ayuda a disfrutar de una dieta sana y equilibrada.

En la pirámide de la alimentación se pueden ver representados los diferentes grupos de alimentos y la importancia cuantitativa que deben tener en nuestra alimentación.

En España se sigue la dieta mediterránea, que mejora la calidad de vida y disminuye el riesgo de problemas cardiovasculares. El aceite de oliva, el pescado azul, el alto consumo de productos vegetales y un moderado uso del vino tinto son algunas de las características de esta dieta, presente tanto en España como en otros países como Francia, Grecia, Italia o Marruecos.

Arroz con leche

Churros a la madrileña

Filloas

Flan de café

Goshúa

Panellets

Roscón de Reyes

Rosquillas de anís

Tarta de arroz

Torrijas

POSTRES

Edgar Álvarez-Noreña Cueva – Lector de Español MAEC–AECID, Universidad de Craiova, Rumanía.

Arroz con leche que a todos enloquece

Ingredientes

250 g de arroz redondo
2 l de leche
250 g de azúcar

1 cucharada de mantequilla
1 o 2 ramas de canela
cáscara de limón

anís (bebida alcohólica
aromática)
sal

Preparación

Ponemos el arroz en una cacerola junto con la leche y lo llevamos al fuego dejando que se vaya calentando poco a poco y así desprenda el almidón.

Seguidamente, le añadimos la cáscara de limón y la canela y lo empezamos a remover todo lentamente pero sin parar. Hay que remover la mezcla constantemente para evitar que el arroz se pegue, ya sea con una cuchara de madera o, mejor aún, con unas varillas de batir. Pasada una hora de cocción aproximadamente, le añadimos una cucharada de mantequilla y lo removemos para que se mezcle con los demás ingredientes.

Una vez finalizada la cocción —que en total debe llevar no menos de hora y media— incorporamos un chorrito de anís, una pizca de sal y el azúcar, removiendo todo para que se mezcle durante unos cinco minutos y justo después lo retiramos del fuego.

El arroz resultante puede distribuirse en varias fuentes pequeñas o cuencos para facilitar su enfriamiento. Podemos cubrirlas con paños de cocina durante el proceso. Para terminar, cuando esté frío, le echamos una mezcla de azúcar y canela por encima y lo podemos quemar con un quemador para que quede una capa dura y crujiente.

UNA ESPECIA MUY ANTIGUA

LA CANELA

La canela es una de las especias más antiguas de la historia de la humanidad. Proviene de la corteza de un árbol aromático y se ha convertido en un ingrediente básico en la cocina árabe, en los curries orientales y en la pastelería norteamericana.

Los egipcios utilizaban la canela para embalsamar a sus muertos, pero antes ya la habían descubierto en la antigua China. Se cree que entró en Europa gracias a los árabes que comerciaban entre oriente y occidente.

En la Edad Media, los médicos la usaron como tratamiento para la tos y el dolor de garganta; su uso en la cocina no era tan popular en esa época.

Portugueses, holandeses y británicos lucharon por su control en la antigua isla de Ceylan, actual Sri Lanka, y Cristóbal Colón llegó a América buscando una nueva ruta de las especias para encontrar, entre otras, la canela.

En la actualidad su precio no es muy alto porque se produce en muchas zonas del planeta, pero en un tiempo su precio fue mayor que el del oro.

1. Indica si son verdaderas o falsas las siguientes frases sobre el texto de la canela:

	V	F
a) Los egipcios descubrieron la canela antes que los chinos.	☐	☐
b) Durante la época medieval se usaba muchísimo en la cocina.	☐	☐
c) Antiguamente, la canela era más cara que ahora.	☐	☐
d) La canela se obtiene de una planta pequeña.	☐	☐
e) En el antiguo Egipto usaban la canela para preparar a las momias.	☐	☐

2. Uno de los ingredientes que hemos visto que se necesitan para hacer el arroz con leche es el limón, más concretamente la cáscara del limón.

¿Sabes cuáles de los siguientes alimentos tienen también cáscara?

cacahuete	plátano	fresa	huevo	nuez	pan	naranja

Ana Cuquerella – Directora Año Internacional de la European Business School, Centro Universitario Villanueva.

Marchando una de... churritos calentitos

Ingredientes (para 4 personas)

- 3 cucharones de harina
- 1 l de aceite de oliva
- 1 cucharadita de sal
- 1/4 kg de azúcar
- 2 cucharones de agua

Preparación

En un cazo se pone el agua, un cucharón de aceite de oliva y una cucharadita de sal. Se deshace bien.

Cuando hierva el agua se echa la harina, removiendo muy bien para que no se formen grumos y quede una masa fina y uniforme.

Una vez conseguida esa masa homogénea, se aparta del fuego y se deja enfriar.

Cuando la masa esté fría, se mete en la manga pastelera y se prepara una sartén grande con mucho aceite de oliva y se fríen bien hasta dorarlos.

Se sirven calientes y espolvoreados con abundante azúcar.

Con una manga pastelera y una boquilla de las que venden en las tiendas de menaje de cocina, puedes hacer los churros perfectamente estriados, como en las churrerías más castizas.

CHURROS PARA EL DESAYUNO Y LA MERIENDA

A los gatos les encantan los churros...

Los churros son un plato conocido en muchos países del mundo hispano como España, México, Uruguay, Argentina, Chile, Colombia, Perú, República Dominicana, Costa Rica, Venezuela y Cuba. Tienen su origen en la repostería española que a través de la conquista del nuevo mundo exportó este famoso alimento.

Se dice que fue en Cataluña donde empezaron a consumirse a principios del siglo XIX pero se desconoce quién fue su inventor. Su origen probablemente sea árabe.

En Madrid constituyen uno de los desayunos más populares, sobre todo en invierno. Es muy probable que este alimento se diera a conocer en las ferias ambulantes que rondaban frecuentemente por la capital. Su popularidad fue creciendo debido a su bajo coste, por aquel entonces se denominaba *fruta de la sartén*.

Suelen mojarse en un buen tazón de chocolate caliente, especialmente cuando se ha pasado la noche de fiesta. Se desconoce el instante preciso en el que se inventó esta pareja como desayuno o merienda. El chocolate como bebida tiene una historia más larga en el país, derivado del cacao originario de América, donde en su momento fue moneda de uso corriente entre algunos pueblos precolombinos.

Es típico terminar la celebración de la Nochevieja (31 de diciembre) con este desayuno. Se empieza con las doce uvas de la suerte y se termina con los churros. Es uno de los dulces preferidos por los *gatos*, gentilicio popular para los habitantes de Madrid.

1. **A continuación, contesta a las siguientes preguntas relacionadas con el texto.**
   a) ¿De qué manera llegaron los churros a otros países hispanoamericanos?
   b) ¿Con qué comida del día se relacionan los churros?
   c) ¿Con qué bebida se suelen comer los churros? ¿Crees que es posible comerlos con alguna otra bebida? ¿Cuál?
   d) ¿Cuál es el origen de los churros?
   e) ¿Existe en tu país algo parecido?

Sabías que... En uno de los viajes de Cristóbal colón a Europa llevó consigo unas muestras de cacao a los Reyes Católicos, pero les pareció demasiado amargo.

Cuando el conquistador español Hernán Cortés probó la bebida preparada por los aztecas a base de cacao dijo: "cuando uno lo bebe, puede viajar toda una jornada sin cansarse y sin tener necesidad de alimentarse".

Dolores Barbazán Capeáns – Lectora de Español MAEC–AECID, Universidad Ovidius, Constanza, Rumanía.

Las filloas en carnaval arrasan como un vendaval

Ingredientes

3 huevos
1 pellizco de sal
1/2 l de leche
150 g de harina
la ralladura de un limón

Preparación

Primero cogemos un bol y echamos la leche, la harina, sal, los huevos y la ralladura del limón.

Después batimos todo. Se puede utilizar la batidora para que no queden grumos.

En una sartén muy caliente salpicamos unas gotitas de aceite.

A continuación, cubrimos ligeramente el fondo de la sartén con la pasta que hemos preparado, con la ayuda de un cucharón e intentando repartir esa masa en la sartén de manera uniforme.

La tenemos medio minuto a temperatura media y le damos la vuelta ayudándonos de un tenedor.

Finalmente servimos las filloas en un plato y les echamos azúcar o miel por encima.

Las filloas se comen calientes aunque frías también están deliciosas en cualquier momento del día.

FILLOAS, OREJAS Y DULCES

1. Lee el texto y contesta a las preguntas.

CARNAVALES EN ESPAÑA

En España, el carnaval se celebra en multitud de pueblos y ciudades, en especial en Canarias y en regiones de Andalucía. Los carnavales considerados más famosos que se celebran en el país son: el de Santa Cruz de Tenerife (Canarias), considerado de hecho el segundo carnaval más popular y conocido internacionalmente, después de los que se celebran en Río de Janeiro (Brasil); el Carnaval de Cádiz con sus famosas "chirigotas", que son agrupaciones corales que cantan por las calles coplas en clave de humor. El tercer carnaval en importancia en el territorio español es el de Badajoz.

Sin embargo, quizás sean Asturias y Galicia las únicas regiones que mantienen y promocionan sus costumbres carnavaleras más ancestrales, cuyas fiestas son de interés turístico regional y nacional respectivamente, donde se mantienen vivas las tradiciones de cocina.

Un elemento fundamental desde siempre es la comida en el carnaval de Galicia. Platos como las filloas, las orejas o los dulces se hacen y consumen específicamente en estas fechas. Clásicos como los chorizos, el lacón con grelos o el caldo son consumidos en gran cantidad, dada su idoneidad para el invierno y para reponer tantas energías como se gastan en estas fechas.

a) ¿En qué ciudades españolas se celebran los carnavales más famosos de España?

b) ¿Qué tiene de característico el carnaval de Cádiz? ¿Qué significa *chirigota*?

c) ¿Crees que existe una relación entre la fiesta del carnaval y la gastronomía? ¿Por qué? ¿Qué crees que se come en Galicia?

d) ¿Qué alimentos están relacionados con el carnaval de tu país? ¿Tienen algún significado?

Alicia Berezo Sastre – Profesora de Español, Departamento de Románicas, Universidad de Rostock, Alemania.

Flan de café: *merienda, postre o tentempié*

Ingredientes (para 6 flanes)

4 huevos y 2 yemas

250 g de azúcar

1 vaina de vainilla

1 taza de café

Preparación

Primero prepararemos un café solo bien cargado. Luego haremos el caramelo para los moldes. Para ello pondremos la mitad del azúcar y 1/8 l de agua en una cazuela, removeremos para que no se queme hasta que se forme un caramelo dorado, si lo dejamos demasiado tiempo se quemará y amargará. Cuando esté listo lo verteremos en nuestros moldes, y los reservaremos para más tarde.

Pondremos a calentar la leche con la vainilla y el café. Mientras la leche se calienta, iremos batiendo los 4 huevos y las 2 yemas, a esta mezcla le añadiremos el resto del azúcar y seguiremos batiendo hasta que obtengamos una consistencia espumosa.

Una vez que la leche esté caliente, antes de que hierva la apartaremos del fuego y retiraremos la vainilla. Después, despacio, añadiremos la leche templada a los huevos y removeremos. Verteremos la mezcla en los moldes y los meteremos al baño María* en el horno precalentado a 150° durante 45 minutos.

Podremos comprobar si están hechos metiendo un palillo, si sale limpio es que están perfectos. Después de que los moldes se hayan enfriado, los desmoldaremos dándoles la vuelta y serviremos el flan acompañado de frutas o nata, a nuestro gusto. ¡Buen provecho!

*Baño María: consiste en meter los recipientes, en este caso nuestros moldes, en una cazuela con agua, el agua hierve y cuaja el flan.

EL CAFÉ

1. **Antes de leer el texto elige la opción adecuada. Luego compruébala al leer el texto.**

   1. El café es originario de…
      a) Brasil. b) Etiopía. c) Colombia.
   2. Llegó a Europa a mediados del siglo…
      a) XX. b) XII. c) XVI.
   3. Las plantaciones de café tienen que estar a una altura de entre… sobre el nivel del mar.
      a) 100 a 200 metros. b) 200 a 800 metros. c) 800 a 1000 metros.
   4. El Comercio Justo es una iniciativa que pretende que los trabajadores tengan…
      a) más tiempo libre. b) horarios flexibles. c) salarios justos.

HISTORIA DEL CAFÉ

La historia del café ha dado lugar a diferentes leyendas y teorías sobre su origen. La creencia más extendida es que procede de la zona de Etiopía, aunque otros afirman que de Adén (Yemen) o Moka (Mauricio), en realidad, se trataría de la misma zona geográfica por el desplazamiento de las placas tectónicas.

La leyenda cuenta que un pastor descubrió que cuando sus cabras comían los frutos del café estaban llenas de vitalidad, y se los llevó a un monje. El monje coció los frutos verdes y decepcionado por el mal sabor los tiró al fuego, donde al tostarse desprendieron un exquisito aroma y se le ocurrió hacer una bebida con los frutos tostados.

Los europeos descubrieron el café a mediados del siglo XVI y en el siglo XVII, en París, se convirtió en una moda.

El café necesita un clima tropical y las plantaciones tienen que estar a una altura de entre 200 y 800 metros sobre el nivel del mar.

Se cree que llegó al continente americano a través de un monje jesuita. Actualmente los países que más café producen y exportan son Colombia y Brasil, aunque también hay muchos productores en África.

La idea del Comercio Justo, surge de las desigualdades económicas en las relaciones comerciales entre los países del hemisferio norte y los del sur, entre los consumidores (el norte) y los productores (el sur). El Comercio Justo intenta que los trabajadores tengan salarios justos, que trabajen en condiciones dignas y se respeten sus derechos. Además está prohibido el trabajo infantil y se implantan métodos para conseguir una economía sostenible y respetuosa con el medio ambiente. En las tiendas de comercio justo se venden productos de todo tipo: chocolate, artesanía, café, miel, té... Estos son un poco más caros que en otros establecimientos, pero el consumidor sabe que son productos de unas relaciones comerciales justas.

Sabías que... El flan es un postre típico de España, proviene de la época de los romanos, aunque estos no lo tomaban con caramelo sino con pimienta espolvoreada. Durante la Edad Media era un postre especial para la Semana Santa, hoy en día se ha convertido en un postre habitual, cualquier ocasión es buena para disfrutarlo.

Manuel Pulido Azpíroz – Profesor de Español, Universidad de Navarra, Pamplona, España.

La Goshúa a los mayores, les gusta horrores

Ingredientes

1 l de nata cruda
150 g de azúcar
100 g de almendra molida
1 disco fino de bizcocho
crema pastelera
agua, ron y azúcar

Para la crema pastelera

3 huevos
3 cucharadas de harina
3 cucharadas de azúcar
1/2 l de leche
canela

Preparación

En primer lugar, se debe preparar la crema pastelera. Para ello, poner en un recipiente los huevos, la harina y el azúcar. Trabajar el conjunto hasta hacer una masa y añadir la leche caliente. Hervir durante 5 minutos. Dejar enfriar la crema.

Reducir el agua, el ron y el azúcar hasta hacer un almíbar. Emborrachar el disco de bizcocho en almíbar y reservar. En un recipiente, poner en el fondo una capa fina y uniforme de nata montada. Extender por encima la almendra molida y cubrir con el disco de bizcocho. Sobre el bizcocho, extender una capa de crema pastelera. Alisar bien la superficie. Dejar enfriar el conjunto hasta que se forme en la parte superior una lámina. Verter el azúcar por encima y quemarlo en el último momento para que el caramelo esté más crujiente.

Sabías que... La goxua (pronunciado goshúa) es un postre típico vasco, especialmente famoso en la ciudad alavesa de Vitoria. Sin embargo, hay quien dice que su origen está en Miranda de Ebro (Burgos). Su nombre es una buena presentación para el postre: en lengua vasca, significa "dulce" o "rico".

ENTREVISTA A UN PASTELERO

1. Lee esta entrevista a Alberto Bornachea.

"Los pasteleros somos como la Cenicienta de la alimentación"

Entrevistador: Alberto Bornachea es un pastelero tradicional de Miranda, que apuesta por experimentar con nuevos postres y asegura que los dulces no son incompatibles con las dietas para adelgazar. Alberto, ¿por qué continuar con la tradición pastelera?

Alberto Bornachea: Mi abuelo y mi padre eran pasteleros y con 18 años me fui a Vigo, Barcelona y Francia para formarme en escuelas de pastelería.

E.: ¿A qué edad se come más dulce?

A. B.: A los niños les encanta, pero cuanto más edad tienes, más te gustan los postres. No sé por qué, pero la gente mayor es golosa.

E.: Dulce y dietas, ¿son incompatibles?

A. B.: Para nada. Los pasteleros somos como la Cenicienta de la alimentación porque parece que sólo engorda el dulce. Los postres simplemente hay que tomarlos con moderación, como todo lo demás. Pero no hay que olvidar que el azúcar es necesario.

E.: Muchos mirandeses afirman que la goshúa es un postre mirandés.

A. B.: Y es verdad. La goshúa es un postre mirandés que mi padre inventó copiando la crema catalana, pero un pastelero avispado de Vitoria le puso el nombre. En Miranda se llamaba *cazuelitas* y al final, unos lo inventaron y otros se llevaron la fama.

E.: Además de las goshúas, hay muchos postres típicos de Miranda.

A. B.: El rosco de Altamira y la tarta del blusa. Después ya trabajas un poco en función del santoral, como la tarta de San Valentín, las torrijas de Carnaval, la tarta de trufa y nata de San Juan, las monas de Pascua, los buñuelos y los huesitos de santo, o el Roscón de Reyes y el turrón en Navidad.

E.: ¿Se responde a estos postres especiales?

A. B.: Normalmente sí y en épocas señaladas lo que se vende es el postre típico, apenas otros. Eso sí, cerca del 80% de las ventas se realizan durante el fin de semana y dulces, como los cruasanes, siempre se venden.

2. Responde a estas preguntas sobre la entrevista.

    a) Según Alberto Bornachea, ¿en qué ha cambiado la forma de hacer dulces y, en particular, la goshúa?

    b) ¿Qué personas son las que comen más dulces?

    c) ¿Cuál dice que es el origen de este postre?

    d) ¿Qué otros dulces se nombran? (Da 4 ejemplos)

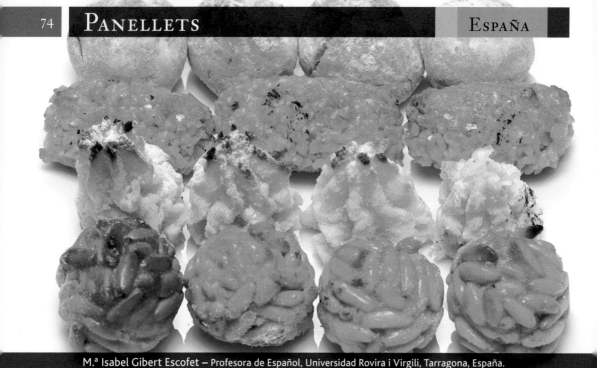

M.ª Isabel Gibert Escofet – Profesora de Español, Universidad Rovira i Virgili, Tarragona, España.

Para la castañada los panellets, una gozada

Ingredientes

1 patata de aproximadamente 200 g
300 g de azúcar
400 g de almendra cruda pelada y rallada
2 huevos
100 g de almendra picada

200 g de piñones
100 g de membrillo
100 g de coco rallado
la ralladura de un limón

Preparación

Cuece la patata con piel, pélala una vez cocida y déjala enfriar. Machácala con un tenedor y mézclala bien con el azúcar en un cuenco, después agrega la almendra y el limón rallados y mézclalos bien.

Coge los huevos y separa la yema de las claras, reserva las claras y vierte las yemas en la mezcla anterior removiendo para que se mezclen todos los ingredientes. Pon en platitos y por separado la almendra picada, los piñones y el membrillo, y un tercio del coco rallado.

Divide la masa en cuatro partes: una para los panellets de piñones, otra para los de almendra, otra para los de coco y la última para los de membrillo.

Coge una de las partes de la masa, haz bolitas y rebózalas, primero pasándolas por la clara de huevo y después por los piñones. Coge otro cuarto de la masa y sigue el mismo proceso, pero esta vez reboza las bolitas con la almendra picada.

Ve depositando los panellets en la bandeja del horno cubierta con papel de aluminio untado con un poco de aceite o mantequilla. Enciende el horno con el gratinador a 170° C para que se vaya calentando.

Sigue con la preparación de los panellets. Coge otra de las partes restantes y mézclala con el coco rallado. Forma conos con la masa de coco y rebózalos con el coco rallado del platito. Deposítalos también en la bandeja.

Con la masa que queda haz un churro y córtalo en trocitos de aproximadamente un dedo, hazles un agujero en el centro y mete en él un trocito de membrillo.

Para finalizar, pinta la superficie de los panellets de piñones, de almendra y de membrillo con yema de huevo y ya están listos para hornear durante 10-12 minutos. Retíralos cuando se hayan dorado.

Esta es la receta de los panellets más tradicionales, pero también puedes dejar volar la imaginación: panellets de café, de chocolate, con una cereza encima, etc.

1   **Lee el texto y contesta a las preguntas.**

La castañada: una tradición catalana

En Cataluña, lugar de donde procede esta receta, es costumbre esa noche celebrar la fiesta de la Castañada.

Cuenta la tradición que durante la noche del 31 de octubre al 1 de noviembre, mayores y niños se reunían para rezar por las almas de los difuntos. Para ello, el campanero "tocaba a muerto" toda la noche y vecinos, amigos y familiares, preparaban alimentos ricos en calorías (panellets, castañas asadas, boniatos y membrillo) para coger fuerza y ayudar al campanero en su dura tarea. Juntos pasaban la noche alrededor de una fogata, mientras los niños escondían castañas por las casas: dice la leyenda que por la noche, las almas de los difuntos venían a recogerlas y en su lugar dejaban panellets o membrillo (según la zona).

Hoy en día, la fiesta es mucho menos religiosa y mucho más familiar: en las escuelas, los niños reciben a la castañera, hacen panellets y comen castañas y boniatos asados, y por la noche, las familias se reúnen alrededor de una mesa para comerlos.

Sin embargo, la tradición anglosajona de *Halloween* está ganando terreno entre los más jóvenes: los niños, por influencia de las películas, empiezan a disfrazarse como en el Reino Unido o Estados Unidos para ir a la escuela a celebrar la Castañada y, por la noche, los jóvenes asisten disfrazados a las fiestas que organizan las discotecas.

a) Según el texto, ¿cuál es el origen de la Castañada?

b) ¿Qué características tiene hoy en día la fiesta de la Castañada?

c) ¿Qué otra fiesta convive con la Castañada? ¿Tiene la misma popularidad? ¿Por qué?

d) ¿Qué papel tienen los panellets dentro de esta fiesta? ¿Cuándo se comen?

e) ¿De qué región es originaria esta fiesta? ¿Y Halloween? ¿Qué tienen en común ambas celebraciones?

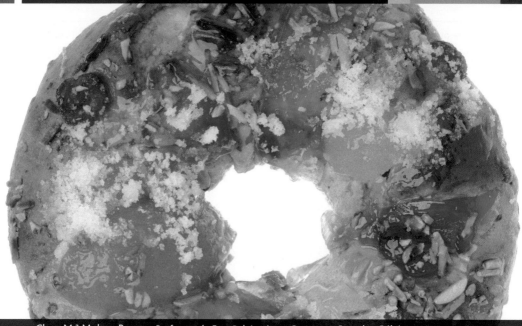

Clara M.ª Molero Perea – Profesora de Español, Instituto Cervantes, Bruselas, Bélgica.

Con el roscón a la Navidad le decimos adiós

Ingredientes

260 g de harina
 60 g de azúcar
  1 huevo
1/4 l de leche tibia
1/4 l de agua
  1 pizca de sal
  1 un poquito de ralladura
     de limón y de naranja

  1 cucharita de agua de
    azahar
20 g de levadura
60 g de mantequilla
  2 sorpresas: una puede ser
    cualquier figurita
    pequeña, y la otra un
    haba seca

**Para la decoración
necesitaremos:**
  1 huevo
20 ml de nata
50 g de almendra
50 g de fruta escarchada
50 g de azúcar

Preparación

Empezaremos tamizando la harina y haciendo dos volcanes, o montones, con ella. Uno será más pe-queño, usaremos la cuarta parte de la harina, y el otro mayor con el resto de la harina, dejaremos 10 g aparte. En el más pequeño añadiremos la levadura y el agua tibia. Lo amasaremos formando una bola que dejaremos fermentar hasta que doble el tamaño.

En el mayor, mezclaremos el resto de los ingredientes, excepto la mantequilla, y amasaremos hasta que estén bien mezclados. Entonces añadiremos nuestra otra bola con la levadura y la mantequilla poco a poco. Mezclaremos todo y lo dejaremos fermentar.

Una vez tengamos nuestra masa, introduciremos los dedos en el medio y empezaremos a darle forma de rosca o roscón. En este momento introduciremos la figurita y el haba. Aplastaremos ligeramente el roscón y lo dejaremos reposar unos cinco minutos.

Pintaremos el roscón con un huevo batido y la nata. Colocaremos la almendra y la fruta escarchada al gusto. También se puede hacer sin estos adornos, depende del gusto de cada uno.

Coceremos el roscón en el horno precalentado a 220° durante 10-12 minutos. Lo sacaremos y dejaremos enfriar antes de consumir.

Se puede rellenar de nata, crema o chocolate. Para esto abriremos el roscón por la mitad y meteremos lo que queramos. ¡Y recordad! La persona que encuentre el haba deberá pagar el roscón, y el que encuentre la figurita será "el rey".

UN POSTRE CON SORPRESA

1. Lee el siguiente texto.

EL ROSCÓN, LA ROSCA O EL ROSCO DE REYES

El roscón, rosca o rosco de Reyes es un bollo elaborado con una masa dulce con forma de aro o anillo, adornado con rodajas de frutas confitadas, de colores varios, que se sirve en España el día 6 de enero denominado *día de Reyes*. El origen de este postre puede estar relacionado con las "saturnales romanas", unas fiestas dedicadas al dios Saturno en las que se celebraba que los días empezaban a ser más largos y en las que se elaboraban unas tortas redondas con higos, dátiles y miel. Además de en España, México o Argentina, también se come en Francia (*gâteau des Rois*) o en Portugal (*bolo Rei*).

El roscón clásico se prepara con mazapán, nata, crema o chocolate en su interior y suele contener más de un "regalo" sorpresa dentro: un haba y una figurita. La tradición dice que la persona que encuentra el haba, debe pagar el roscón.

2. Completa las frases siguientes sin mirar al texto.
   a) El roscón, rosca o rosco de Reyes es un bollo elaborado con…
   b) El origen de este postre puede estar relacionado con…
   c) El roscón clásico se prepara con…
   d) En su interior suele haber…
   e) La tradición dice que la persona que encuentra el haba, debe…

Iranzu Peña Pascual —Profesora de Español, Universidad de Navarra, Pamplona, España.

El anís a las rosquillas les va de maravilla

Ingredientes

3 huevos	50 g de licor de anís	aceite de girasol u oliva
500 g de harina de repostería	1 sobre de levadura química	para freír
200 g de azúcar	1 pellizco de sal	azúcar glas
100 g de aceite de girasol	la ralladura de un limón	canela en polvo

Preparación

Rallar el limón y dejarlo preparado. Poner en el bol los huevos, el azúcar y la leche y mezclar bien con la varilla hasta hacer una pasta homogénea y sin grumos.

Añadir la ralladura de limón y el sobre de levadura y mezclarlo bien. Poner el aceite en el cazo y calentarlo a fuego fuerte. Es bueno añadir una o dos cortezas de limón para aromatizarlo. Retirarlo y, cuando se temple, añadirlo al bol junto con el anís. Es muy importante mezclar de nuevo.

Ir añadiendo la harina poco a poco sin dejar de mezclar hasta hacer una masa. Cuando la masa no esté demasiado pegajosa, ponerla en la encimera y seguir amasándola enérgicamente. Es conveniente seguir añadiendo harina poco a poco mientras amasamos hasta que no se pegue a los dedos.

Esta es la receta de mi abuela, Perpetua.

Hacer una bola, taparla con un paño y dejarla reposar unos 20 o 30 minutos.

Coger pequeñas cantidades de la masa, hacer bolas pequeñas y agujerearlas en el interior para dar forma a las rosquillas. Está bien dibujarles una hendidura alrededor con el cuchillo para que después se fríen mejor.

Freír en abundante aceite muy caliente (con una corteza de limón) hasta dorarlas. Colocarlas sobre papel absorbente para que no queden demasiado grasas.

Para terminar, espolvorear azúcar glas y canela por encima.

EL ACEITE

1. Uno de los principales ingredientes de esta receta es el aceite. Lee el siguiente texto sobre las diferencias entre el aceite de oliva y el de girasol.

¿Mejor de oliva o de girasol?

Muchas veces nos preguntamos qué aceite es mejor para cocinar, el de oliva o el de girasol. La diferencia no sólo está en el precio, que en el de oliva es más elevado, sino también en la composición de cada uno. Lo que está claro es que ambos son idóneos para consumir e incluir en nuestra dieta diaria.

Existen distintos tipos de aceite de oliva, pero nosotros nos vamos a centrar en el más común en los supermercados, el aceite de oliva puro. Es una mezcla del aceite de oliva virgen y del refinado. Este tipo de aceite junto con el virgen es el que tiene mayor contenido de vitamina E, antioxidante natural. Además, todos los aceites de oliva contienen ácido oleico, que ayuda a aumentar los niveles de colesterol bueno en la sangre y a prevenir enfermedades cardiovasculares. Es el más adecuado para freír, pues resiste mejor la temperatura necesaria, bastante elevada, el alimento se impregna menos y por tanto, tiene menos calorías.

Los aceites de semillas, como es el caso del de girasol, también son muy saludables. Poseen alto contenido en ácido linoleico y vitamina E, aunque bien es cierto que tienen menos sabor. También son aptos para freír cualquier tipo de alimento.

Conclusión: utilizad el aceite que más os guste y más se adapte a vuestro bolsillo, pues ambos son saludables y ayudan a reducir el colesterol total y otro tipo de grasas.

2. Responde a las siguientes preguntas sobre el texto.
   a) ¿Qué tipo de aceite es más caro?
   b) ¿Qué tipos de aceite de oliva se mencionan?
   c) ¿Cuál contiene mayor cantidad de vitamina E?
   d) ¿Cuál es mejor para freír? ¿Por qué?
   e) ¿Cuál de los dos tiene más sabor?
   f) ¿Cuál de los dos recomienda el texto? ¿Cuál es más saludable?

María Fernández Alonso – Profesora de Español, Universidad de Nanzan, Nagoya, Japón.

¡La tarta de arroz de Vizcaya no lleva arroz!

Ingredientes

175 g de azúcar
125 g de harina
350 cl de leche
  3 huevos
 30 g de mantequilla

Preparación

Calienta el horno a 220° C. Mientras se va calentando prepararemos la masa. Para ello, mezcla con una batidora en un bol el azúcar, la harina, los huevos y la leche. Como ves, la masa es muy sencilla de preparar. A continuación, cubre la base y el borde de un molde con mantequilla.

Echa la mezcla en el molde y métela en el horno. Verás cómo la masa va subiendo poco a poco. 15 o 20 minutos después, dependiendo de la potencia del horno, cubre la parte superior del molde con papel de aluminio y déjalo otros 15 o 20 minutos. Una vez pasado este tiempo, quita el papel de aluminio y deja la tarta en el horno hasta que se dore la parte superior, 5 minutos aproximadamente. Por último, apaga el horno, saca la tarta y... ¡que aproveche! ¡Con esta tarta triunfarás entre tus amigos!

EL PAÍS VASCO

1. **Contesta a estas preguntas.**

   a) ¿Sabes dónde está Vizcaya (*Bizkaia*)? ¿A qué Comunidad Autónoma pertenece?

   b) ¿Crees que es un nombre de origen castellano? ¿Por qué?

   c) ¿Conoces el nombre de alguna ciudad en vasco? ¿Y alguna palabra en vasco?

2. Lee este texto y compruébalo.

Pinchos, chiquitos y zuritos

La cocina vasca, de reconocida fama internacional, es una cocina sencilla que se basa en dos principios básicos: el uso de materias primas de primera calidad y el aprovechamiento de los productos de temporada. Ello es posible gracias a una privilegiada situación geográfica que garantiza una gran variedad de pescados y mariscos muy frescos del Cantábrico y carnes, verduras y hortalizas del interior.

Entre los pescados destacan los chipirones, el bonito, el besugo, el bacalao y la merluza, que suelen prepararse con unas salsas ligeras y básicas para conservar bien el sabor. La chuleta de buey y el cordero son indiscutiblemente las carnes más apreciadas. De la huerta son típicas las alubias, las vainas (judías verdes), las patatas y las setas, todas ellas empleadas como principales ingredientes en la elaboración de muchos y deliciosos platos como la *porrusalda* (sopa de puerros con patatas).

En cuanto a los dulces, cada provincia tiene sus propias especialidades. Así, en Álava, por ejemplo, son famosos los vasquitos y nesquitas, en Vizcaya los pasteles de arroz y en Guipúzcoa la panchineta (*pantxineta* en euskera) y las tejas.

Al hablar de la cocina vasca hay que hablar de los pinchos (*pintxos*), la versión vasca de las tapas. Se llaman así porque originalmente, y en la mayoría de los casos, la comida se sujetaba al pan con un palillo. Pueden tomarse como aperitivo o a cualquier hora, pero el mediodía es sin duda la hora preferida de los vascos. Suelen estar encima de la barra del bar y los clientes se los sirven ellos mismos acompañándolos con un vaso de vino tinto, llamado chiquito (*txikito*) o un vaso pequeño de cerveza llamado *zurito*.

3. Lee las siguientes frases y escribe si son verdaderas (V) o falsas (F). Después corrige las que son falsas.

	V	F
a) Los pescados que se utilizan en la cocina vasca son del mar Mediterráneo...	☐	☐
b) La porrusalda es un postre.	☐	☐
c) Los vascos suelen beber vino tinto o cerveza con los pinchos..	☐	☐
d) Las tejas son un postre típico de Guipúzcoa.	☐	☐
e) Los pinchos pueden comerse en cualquier momento del día.	☐	☐

Miguel Monreal Azcárate – Profesor de Español, Universidad de Navarra, Pamplona, España.

Las torrijas en España siempre dan la talla

Ingredientes

1/2 l de leche
4 cucharadas soperas
   de azúcar
1 rama de canela
2 huevos
  pan del día anterior
  aceite de oliva

Preparación

Cortar el pan en rebanadas de unos 4 cm.
Poner en un cazo la leche con el azúcar y la canela. Calentar.
Batir los huevos en un plato hondo.
Empapar las rebanadas con la leche.
Pasar las rebanadas por el huevo batido.
Freír las rebanadas en el aceite.
Colocar las torrijas en una fuente y servirlas con miel o azúcar.

Sabías que... La torrija o torreja es un dulce que se come en España en Cuaresma y en Semana Santa, excepto en Cantabria, donde se hacen en Navidad.

Las primeras recetas de torrijas aparecen en el *Libro de Cozina* de Domingo Hernández de Maceras en 1607.

EL PAN: PARTE DE LA CULTURA UNIVERSAL

¿Crees que los españoles comen mucho pan? ¿Más o menos que en tu país?
¿Cuál crees que es el origen del pan?

1. **Lee el siguiente texto sobre el origen del pan.**

El pan forma parte indisoluble de la cultura universal de las civilizaciones, y ha sido el alimento más consumido por las sociedades de la Antigüedad desde el Neolítico. En aquella época, se consumía como simples gachas y harinas, y más tarde, probablemente por casualidad, se empezó a cocer en el horno. Los egipcios dieron un paso más añadiendo masa ya fermentada a la mezcla de harina, agua y sal. La historia cuenta que ellos son los auténticos inventores del pan fermentado en los primeros hornos de cocción, y quienes empezaron a colocar un panecillo a cada comensal.

La civilización griega fue la que perfeccionó las técnicas de panificación, haciendo de ellas todo un arte. Buena parte de los diferentes tipos de panes y la combinación con masas diferentes –trigo, cebada, avena, centeno, especias, frutos secos, aceite y miel– se la debemos a los griegos, que crearon más de setenta variedades. En la época romana se mejoraron los molinos, las máquinas de amasar, los hornos de cocción y la técnica para elaborar un pan de más duración para poder alimentar a los ejércitos. La cultura del pan se propagó a todas las colonias, aunque es cierto que, en Hispania, los celtíberos ya conocían las técnicas a base de harina de trigo.

En la Edad Media, los monasterios se convirtieron en los principales productores.

Los primeros gremios de artesanos aparecen en el siglo XII, y el pan blanco es considerado un privilegio de las clases sociales más adineradas hasta bien entrado el siglo XVIII. En ese momento, y como consecuencia del progreso de las técnicas agrícolas, de panificación y de molido de la harina, así como por los excedentes de trigo, se extendió al resto de la población y a mejor precio. La industria del pan evoluciona tras la revolución industrial y durante todo el siglo XIX y XX, con nuevas metodologías, técnicas mecánicas y variedades de composición y conservación del pan, hasta llegar a nuestros días.

Juan Ramón Hidalgo Moya. Tomado de *www.consumer.es*

2. **Indica si estas afirmaciones son verdaderas o falsas según el texto.**

	V	F
a) El pan se consumía en el Neolítico.	☐	☐
b) Antes de los egipcios, la masa del pan no estaba fermentada.	☐	☐
c) Los griegos solo conocían un tipo de pan.	☐	☐
d) Los romanos introdujeron el pan en la Península.	☐	☐
e) El pan blanco era un artículo de lujo hasta el siglo XVIII.	☐	☐

SOLUCIONES

Primeros platos

AJOBLANCO

1

a) La almendra como base principal y, en algunas regiones, las uvas de moscatel o a veces, trozos de manzana o de melón, los ajos, el pan, la sal y el aceite de oliva

b) De Andalucía.

c) No, no siempre, pueden variar según la región andaluza. Se le pueden añadir fresas o mango.

d) Un mortero de mármol con maza de madera o una licuadora.

BERENJENAS RELLENAS

1

El ritual social y cultural de comer: *festín, convite, piscolabis, tentempié, banquete*

Momentos especiales de la vida que se celebran alrededor da la mesa: *fiesta, boda, banquete, entierro, despedida, reencuentro, aniversario*

Sensaciones o sentimientos que asociamos con el ritual de comer: *felicidad, alegría, olores, fragancia, hospitalidad, tristeza*

2

Respuestas abiertas.

CAUSA RELLENA DE POLLO

1

1. Perú tiene 491 platos típicos; 2. La cocina peruana resulta de la fusión de la cocina del antiguo Perú con la española, francesa, china, japonesa e italiana; 3. La gran variedad de la cocina peruana se sustenta en la geografía, en la mezcla de culturas y la adaptación de culturas milenarias a la cocina moderna.

COCIDO MADRILEÑO

2

a) FALSO: El puchero viajaba con los reyes en sus giras campestres; b) FALSO: Existen tantas recetas de pucheros como estrellas en el cielo; c) VERDADERO: El cocido madrileño está considerado como la quintaesencia de los pucheros españoles; d) FALSO: solo lleva garbanzos.

CROQUETAS DE BERENJENA

1

a) de Francia; b) de patata; c) "Hay que añadir que la croqueta, al aclimatarse a España, ha ganado mucho. La francesa es enorme, dura y sin gracia. Aquí, al contrario, la hacen bien, las croquetitas se deshacen en la boca, de tan blandas y suaves".

FABADA ASTURIANA

Respuestas abiertas.

FIDEUÁ

2

1.b); 2.a); 3.b); 4.c)

GACHAS MANCHEGAS

1

Respuestas abiertas.

2

Respuestas abiertas.

3

1. F; 2. V, 3. V: 4. F; 5. V; 6. V

GAZPACHO ANDALUZ

Respuestas abiertas.

PAELLA

1

1. recipiente; 2. utensilio, 3. sartén; 4. mango; 5. plato; 6. azafrán; 7. sabor; 8. pimentón

2

a) Porque comenzó a usarse en castellano como sinónimo de "arroz a la valenciana", aunque, en principio, hace referencia al recipiente en el que se prepara, y no al plato en sí; b) Se llama paella o paellera; c) Porque el origen exacto del plato se sitúa casi con seguridad en la zona arrocera próxima al lago de la Albufera; d) Además del azafrán, se suele añadir un poco de y unas ramas de romero; e) arroz, carne, verduras frescas, azafrán y en algunas variantes se le añade garrafón (una alubia plana y blanca), además de algunos caracoles.

PASTA AL CAVA

1

a) No, hay pasta seca y pasta fresca. Esta última se elabora de un modo artesanal y, como no se deseca durante tanto tiempo, ha de conservarse refrigerada.

b) Sí, ya que la elaboración de la pasta fresca es muy sencilla: sólo lleva harina de trigo, que no sea de repostería, huevos y sal.

c) No, se pueden hacer purés variados para añadir a la masa, lo que les da colores distintos.

d) La cantidad de agua es otra de las diferencias entre la pasta fresca y la seca. La pasta tradicional no tiene más de un 12% de agua, mientras que la fresca alcanza un 30%.

e) Las pastas rellenas suelen ser más calóricas.

PISTO O SANFAINA

1

Respuestas abiertas.

2

a) VERDADERO Sí, procede de la época anterior a la Reconquista.
b) FALSO No, se ha sustituido el membrillo por tomate y pimiento.
c) VERDADERO Sí, ya que dos de los ingredientes básicos no eran aún habituales en las mesas.
d) FALSO No, era un plato de las clases populares.
e) VERDADERO No, es posible comer alguna de sus variantes.

SALMOREJO

2

a) Procede de la palabra huerto. b) Otras hortalizas son las patatas, las zanahorias, las alcachofas y las espinacas.

3

1c) Salmorejo: Pan, tomate, aceite, sal y vinagre; 2d) Gazpacho: Tomate, pepino, pan, aceite, sal y vinagre; 3a) Mazamorra: Aceite, pan, sal y vinagre; 4b) Pipirrana: Pimiento verde, cebolla, tomate y pepino

TORTILLA DE PATATAS

1

a) cosecha; b) epidemia; c) incas; d); escasez; e) calendario f) tubérculo; g) quechua

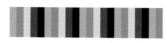

Segundos platos

ALBÓNDIGAS DE MANZANA Y CARNE

2

a) F; b) V; c) F; d) V

BACALAO AL AJOARRIERO

2

a) comidas; b) receta; c) especias; d) plato

3

Respuestas abiertas.

LASAÑA DE BACALAO

1

a) F; b) V; c) F; d) V; e) F; f) F

LOCRO CRIOLLO ARGENTINO

2

a) La cocina argentina puede entenderse como una mixtura cultural entre las influencias indígenas, mediterráneas (italo-hispano-árabes) y *la variedad de productos agrícolas ganaderos, que abundan en estas tierras.*
b) Hasta mediados del siglo XIX en las mesas argentinas se servían platos de elaboración *española y regional.*
c) Las invitaciones a comer suelen ser signos de *amistad, calidez e integración.*
d) Otro rasgo que se mantiene es la preparación casera de los alimentos, especialmente cuando *se agasaja a alguien, se celebra un acontecimiento o tan sólo para una reunión entre amigos.*

MECHADO DE TERNERA

1

La salsa de soja.

2

Respuestas abiertas.

3

Platos: paella, escabeche, adobo, albóndigas, callos
Ingredientes: ajo, cebolla, aceite de oliva, laurel, tomate, longaniza
Técnicas: empanado, salteado

4

Respuestas abiertas.

MIGAS EXTREMEÑAS

Respuestas abiertas.

MOLE DE OLLA

1

1. e); 2. d); 3. a); 4. c); 5.b)

2

Respuestas abiertas.

3

a) V; b) F; c) V; d) V

POLLO AL MELOCOTÓN

1

Respuestas abiertas.

2

No son ciertas c) y f).

3

1. freír; 2. elaborar; 3. picar; 4. calentar; 5. dorarse; 6. añadir

POLLO CHILENO

1

Respuestas abiertas.

2

Respuestas abiertas.

3

Posibles respuestas
Verbos relacionados con la cocina.
Sofreír: la cebolla
Hervir: las patatas, las zanahorias, etc.
Aliñar: la ensalada, los tomates, etc.
Amasar: la harina con la mantequilla, etc.
Freír: las patatas, la carne, etc.
Escalfar: los huevos
Adjetivos relacionados con la cocina.
Rallado: el queso, el pan

Hervido: el pescado, las patatas
Derretido: la mantequilla
Frito: el huevo, las patatas

PULPO A LA GALLEGA

1
1. empanada gallega;
2. tarta de Santiago; 3. lenguas oficiales; 4. gaita; 5. murallas romanas; 6. Rías Bajas;
7. Camino de Santiago;
8. tradición popular; 9. clubes de fútbol; 10. diseñadores gallegos

2
a) almeja; b) mejillón; c) calamares; d) ostra; e) gamba

SALMÓN CON VERDURAS

1
Respuestas abiertas.

2
Respuestas abiertas.

3
Respuestas abiertas.

4
1. d) Al pil-pil: guisado con aceite, guindillas y ajos, en cazuela de barro, y se sirve hirviendo.
2. e) En su tinta: cocinado en el líquido oscuro propio de los cefalópodos.
3. h) En escabeche: conservado en una salsa o adobo que se hace con aceite frito, vino o vinagre, hojas de laurel y otros ingredientes.
4. g) Ahumado: sometido a la acción del humo.
5. c) Marinado: macerado en un líquido compuesto de vino, vinagre, especias, hierbas, etc.
6. a) En papillote: envuelto en papel de horno u otro para hacerse en su jugo al horno.
7. f) Cebiche: inmerso en líquido compuesto de vino, vinagre, especias, hierbas, etc.
8. b) Adobo: preparado con el compuesto de vinagre, sal, orégano, ajos y pimentón, etc.

SARDINAS ASADAS

1
Respuestas abiertas.

2
a) F; b) F; c) No se menciona.

Postres

ARROZ CON LECHE

1
a) F; b) F; c) V; d) F; e) V

2
cacahuete; plátano; huevo; nuez; naranja

CHURROS A LA MADRILEÑA

1
a) a través de la conquista del nuevo mundo; b) con el desayuno, sobre todo en Invierno; c) suelen mojarse en un buen tazón de chocolate caliente; d) su origen probablemente sea árabe;
e) respuesta abierta

FILLOAS

1
a) Santa Cruz de Tenerife, Cádiz y Badajoz; b) sus famosas "chirigotas" que son agrupaciones corales que cantan por las calles;
c) en muchas regiones de España se mantienen vivas las tradiciones gastronómicas en sus costumbres carnavaleras, por ejemplo, en Asturias y en Galicia. En Galicia se toman las filloas, las orejas o los dulces que se hacen y se consumen en esas fechas;
d) respuesta abierta

FLAN DE CAFÉ

1
1 b) Etiopía; 2. c) XVI; 3 b) 200 a 800 metros; 4. c) salarios justos; 5. a) todo tipo de productos
Navarra, Pamplona, España.

Goshúa

2

a) Él apuesta por experimentar con nuevos postres y asegura que los dulces no son incompatibles con las dietas para adelgazar. La goshúa fue una invención de su padre y él continúa elaborándola; b) A los niños les encanta el dulce, pero la gente mayor es muy golosa también; c) La goshúa es un postre mirandés que su padre inventó copiando la crema catalana, pero un pastelero de Vitoria le puso el nombre; d) El Rosco de Altamira, la tarta del blusa, la tarta de San Valentín, las torrijas de Carnaval, la tarta de trufa y nata de San Juan, las monas de Pascua, los buñuelos y los huesitos de santo, el Roscón de Reyes y el turrón en Navidad.

Panellets

1

a) Cuenta la tradición que durante la noche del 31 de octubre al 1 de noviembre, mayores y niños se reunían para rezar por las almas de los difuntos. Para ello, el campanero "tocaba a muerto" toda la noche y vecinos, amigos y familiares, preparaban alimentos ricos en calorías (panellets, castañas asadas, boniatos y membrillo) para coger fuerza y ayudar al campanero en su dura tarea; b) Hoy en día, la fiesta es mucho menos religiosa y mucho más familiar: en las escuelas, los niños reciben a la castañera, hacen panellets y comen castañas y boniatos asados, y por la noche, las familias se reúnen alrededor de una mesa para comerlos; c) *Halloween* está ganando terreno entre los más jóvenes: los niños, por influencia de las películas, empiezan a disfrazarse como en el Reino Unido o Estados Unidos pero convive con la Castañada; d) En Cataluña, se comen los Panellets, es costumbre esa noche celebrar la fiesta de la Castañada; e) La Castañada procede de Cataluña, lugar de origen de la receta de los Panellets. *Halloween* tiene su origen en Estados Unidos pero convive con la Castañada, se celebran las dos fiestas.

Roscón de Reyes

2

a) una masa dulce con forma de aro o anillo, adornado con rodajas de frutas confitadas de colores varios que se sirve en España el día 6 de enero denominado *Día de Reyes*; b) las "saturnales romanas", unas fiestas dedicadas al dios Saturno en las que se celebraba que los días empezaban a ser más largos y en las que se elaboraban unas tortas redondas con higos, dátiles y miel; c) mazapán, nata, crema o chocolate; d) un "regalo" sorpresa; e) pagar el roscón.

Rosquillas de anís

2

a) el aceite de oliva; b) el aceite de oliva puro, el aceite de oliva virgen y el aceite de oliva refinado; c) el refinado y el virgen; d) el de oliva es el más adecuado para freír, pues resiste mejor la temperatura necesaria, bastante elevada, el alimento se impregna menos y por tanto, tiene menos calorías; e) el de oliva; f) ambos, el de oliva y el de girasol, son saludables y ayudan a reducir el colesterol total y otro tipo de grasas.

Tarta de arroz

1

a) en el norte de España, comunidad autónoma del País Vasco; b) no; c) respuesta abierta

3

a) F; b) F; c) V; d) V; e) V

Torrijas

2

a) V; b) V; c) F; d) F; e) V

GLOSARIO GASTRONÓMICO

GLOSARIO GASTRONÓMICO

Elabora tu propio glosario en tu idioma. Busca el significado de estas palabras y anótalo.

ablandar_____

aceite de oliva, el _____

aceituna, la_____

ácido/-a _____

acompañamiento, el _____

acompañar_____

adobar _____

adobo, el (en _) _____

adornar _____

agregar_____

agua de azahar, el_____

aguacate, el _____

ahumado/-a _____

ají, el _____

ajiaco, el (Chile)_____

ajo, el _____

albahaca, la _____

alcachofa, la_____

alimento, el _____

aliñar _____

alioli, el _____

almendra, la_____

almíbar, (melocotón en _) _____

almortas, las _____

alubia, la _____

amargar _____

amargo/-a _____

amasar _____

anís, el _____

añadir _____

apartar_____

aperitivo, el _____

apetitoso/-a _____

aplastar _____

aroma, el _____

aromatizar _____

arroz, el _____

artesano/-a _____

asa, el (fem.) _____

asado/-a_____

asar _____

atún, el_____

ave, el_____

avena, la_____

azafrán, el _____

azahar, el (agua de _)_____

azúcar, el _____

bacalao, el _____

bandeja, la _____

banquete, el _____

barbacoa, la _____

barra, la _____

barro, el _____

batidora, la_____

batir _____

bebida, la _____

berberecho, el _____

berenjena, la _____

besamel, la _____

besugo, el_____

bizcocho, el _____

blando/-a _____

bol, el _____

bollo, el _____

boloñesa (salsa _) _____

boniato, el _____

bonito, el _____

boquerón, el _____

bote, el _____

botella, la _____

brasa, la (a la _) _____

buey, el_____

cacao, el _____

cacerola, la_____

café, el _____

café, el _____

calabacín, el _____

calabaza, la _____

calamar, el _____

caldo, el _____

caldoso/-a _____

calentar _____

calorías, las (bajo en _) _____

calórico/-a _____

canela, la _____

cangrejo, el _____

caracol, el_____

caramelo, el _____

carne picada, la _____

carne, la _____

cascar (_ un huevo) _____

cáscara, la _____

casero/-a _____

castaña, la _____

cava, el_____

cazo, el _____

cazuela, la _____

cebada, la_____

cebiche, el _____

cebolla, la_____

cebolleta, la _____

cena, la_____

cenar _____

centeno, el _____

cereal, el _____

cereza, la _____

cerveza, la _____

champiñón, el _____

champiñón, el _____

chancho, el (Argentina) _____

chile, el (México) _____

chipirón, el _____

chipotle, el (México) _____

choclo, el (Chile) _____

chocolate, el _____

chorizo, el _____

chorro, el _____

chuleta, la _____

cigala, la _____

clara, la _____

clavo, el _____

cocción, la _____

cocer _____

cocido/-a _____

cocinar _____

cocinero/-era, el/la _____

coco, el _____

colador chino, el _____

colador, el _____

colar _____

colorante, el _____

comensal, el/la _____

comida, la _____

comino, el _____

condimento, el _____

confitar _____

congelar _____

conserva, la (en _) _____

conservar _____

consistencia, la _____

consistente _____

consumir _____

convite, el _____

cordero, el _____

cortar _____

corteza, la _____

costilla, la _____

crema, la (_ pastelera) _____

criollo/-a (Argentina) _____

crudo/-a _____

crudo/-a _____

crujiente _____

crujir _____

cuajar _____

cubrir _____

cucharada sopera, la _____

cucharita, la _____

cucharón, el _____

cuchillo, el _____

cuenco, el _____

culinario/-a _____

cultivar _____

cultivo, el _____

curanto, el (Argentina, Chile) _____

dado, el (cortar en _s) _____

dátil, el _____

degustar _____

delicioso/-a _____

denso/-a _____

derretir _____

desalar _____

desayunar _____

desayuno, el _____

descongelar _____

deshacer _____

desmenuzar _____

desmoldar _____

despumar _____

diente, el (_ de ajo) _____

dieta, la _____

docena, la (_ de huevos) _____

dorar _____

dulce _____

duro/-a _____

echar _____

ejote, el (México) _____

elaboración, la _____

elaborar _____

elote, el (México) _____

emborrachar _____

embutido, el _____

empanada, la _____

empanado/-a _____

empanar _____

emperador, el _____

emulsionar _____

energético/-a _____

enfriar _____

enharinar _____

ensalada, la _____

entero/-a _____

epazote, el (México) _____

escabeche, el _____

escalfado (huevo) _____

escurrir _____

especia, la _____

espesar _____

espinaca, la _____

espolvorear _____

espumadera, la _____

espumoso/-a _____

evaporar _____

exprimir_____

extender_____

fabes, las _____

fermentar_____

festín, el_____

fibra, la_____

fideo, el _____

filetear _____

freír _____

fresco/-a _____

frijol, el (México)_____

frito/-a_____

fruta escarchada, la _____

frutos secos, los _____

fuego lento, a _____

fuego medio, a _____

fuente, la _____

gachas, las _____

gajo, el _____

galleta, la _____

gallina, la _____

gamba, la _____

garbanzo, el _____

gastronomía, la _____

girasol, el _____

glas (azúcar _) _____

grasa, la _____

gratinado/-a_____

gratinar _____

grelo, el _____

grosor, el _____

grueso/-a _____

grumo, el _____

guarnición, la_____

guindilla, la _____

guisante, el_____

guisar_____

guiso, el _____

gusto, el (al _) _____

haba, el (fem.) _____

habichuela, la_____

harina, la _____

hervido/-a _____

hervir_____

higo, el_____

hondo/-a _____

hongo, el _____

hornear _____

horno, el _____

horno, el (al _)_____

hortaliza, la _____

huerto, el _____

hueso, el_____

huevo duro, el _____

huevo, el _____

incorporar _____

ingrediente, el _____

introducir _____

jerez, el _____

jerez, el _____

judía verde, la _____

jugo, el_____

lacón, el_____

lámina, la_____

langosta, la_____

langostino, el _____

largo (a lo _) _____

lata, la _____

laurel, el _____

leche, la _____

lechuga, la _____

legumbre, la_____

lenguado, el _____

lenteja, la _____

levadura, la _____

licor, el_____

licuadora, la _____

ligar _____

ligero/-a_____

limón, el_____

lomo, el _____

loncha, la (_ de jamón) _____

longaniza, la_____

macerado/-a _____

macerar _____

machacar _____

maduro/-a _____

mahonesa/mayonesa, la _____

maíz, el _____

majar _____

mandioca, la _____

manga pastelera, la _____

mango, el_____

maní, el _____

manojo, el _____

mantequilla, la_____

manzana, la _____

marinado/-a _____

marinar _____

marisco, el _____

masa, la _____

materia prima, la _____

maza, la _____

mazapán, el _____

mejillón, el_____

melocotón, el_____

melón, el _____

membrillo, el_____

merienda, la _____

merluza, la _____

mezclar _____

miel, la _____

miga (de pan), la _____

mitad, la (por la _) _____

mojar _____

molde _____

molde, el _____

moler _____

molido/-a _____

moluscos, los _____

mondongo, el (Argentina) _____

montar _____

morcilla de cebolla, la _____

morcillo de ternera, el _____

mortero, el _____

murta, la (Chile) _____

naranja, la _____

nata montada, la _____

nata, la _____

nevera, la _____

nuez moscada, la _____

nuez, la _____

nutritivo/-a _____

oliva (de _) _____

olla exprés, la _____

olla, la _____

orégano, el _____

ostra, la _____

paellera, la _____

paladar, el _____

palillo, el _____

palta, la (Argentina, Chile, Perú, Uruguay) _____

pan rallado, el _____

pan, el _____

panceta, la _____

panecillo, el _____

paño de cocina, el _____

papa, la _____

papada, la _____

papillote, el _____

parrilla, la _____

parrilla, la (a la _) _____

pasapurés, el _____

pasar (_ por harina) _____

pasta, la _____

pastel, el _____

pastelero/-a, el/la _____

patata, la _____

pavo, el _____

pedazo, el _____

pegajoso/-a _____

pegar/-se _____

pegarse _____

pelar _____

pella, la (Argentina) _____

pellizco, el _____

pepino, el _____

pepitas, las _____

perejil, el _____

pescado, el _____

pescar _____

picante _____

picar _____

picatoste, el _____

piel, la _____

pieza, la _____

pimentón rojo, el _____

pimentón, el _____

pimienta molida, la _____

pimienta, la _____

pimiento rojo, el _____

pimiento verde, el _____

pinchos, los _____

piñón, el _____

piscolabis, el _____

pisco, el (Chile) _____

pizca, la _____

planta, la _____

plátano, el _____

plato, el _____

pochar _____

pollo, el _____

poroto, el (Argentina) _____

postre, el _____

potaje, el _____

precalentar _____

prensapapas, el _____

preparar _____

probar _____

producto, el _____

provecho, el (buen _) _____

puchero, el _____

puchero, el _____

puerro, el _____

pulpa, la _____

pulpo, el _____

punta de jamón _____

punto, el _____

puré, el _____

quemador, el _____

queso, el _____

rabo, el _____

racimo, el (_ de uvas) _____

ralladura, la _____

rallar _____

rama, la (_ de canela) _____

rebanada, la _____

rebozar _____

receta, la _____

recipiente, el _____

reducir_____

refinado/-a_____

refrigerar _____

rehogar _____

rellenar _____

relleno, el_____

remojar _____

remojo, el (poner en _) _____

remolacha, la _____

remover _____

repollo, el_____

reposar_____

repostería, la _____

reservar _____

retirar _____

rodaja, la _____

romana (a l a_) _____

romero, el _____

ron, el _____

sabor, el _____

salado/-a _____

salar_____

salmón, el _____

salpicar _____

salpimentar _____

salsa, la _____

salteado/-a_____

saltear _____

sancochar _____

sandía, la _____

sardina, la _____

sardina, la _____

sartén, la _____

sazonar _____

sepia, la _____

servir_____

seta, la _____

sofreír _____

soja, la _____

sopa, la_____

soso/-a_____

suave _____

tableta, la _____

tamizar _____

tapas, las (ir de _) _____

tapear_____

tarta, la _____

taza, la _____

té, el_____

templar _____

temporada, la (de _) _____

tentempié, el _____

ternera, la _____

tibio/-a_____

tierno/-a _____

tijeras, las_____

tinta, la (en su _) _____

tiras, las (en _) _____

tocino, el _____

tomate, el_____

torta, la _____

tostar _____

trigo, el _____

triturar_____

trocear _____

trozo, el _____

trufa, la _____

tubérculo, el_____

tuétano, el _____

uniforme _____

untar _____

utensilio, el _____

uva, la _____

vaca, la_____

vaciar_____

vaina, la (_ de vainilla) _____

vapor, el (al _) _____

vapor, el (al _) _____

varillas de batir, las _____

vaso, el _____

vegetal _____

verdura, la _____

verter _____

veteado/-a _____

vinagre, el _____

vino blanco, el _____

vino rosado, el_____

vino tinto, el _____

vino, el_____

virgen (aceite de oliva _) _____

viruta, la _____

vitaminas, las_____

volcar_____

yema, la _____

yogur, el_____

zanahoria, la _____

zapallo, el (Argentina) _____

zumo, el_____